60 DIETAS A PRUEBA

Olga Roig

60 DIETAS A PRUEBA
ELIGE TU DIETA CON
TOTAL CONOCIMIENTO

A pesar de haber puesto el máximo cuidado en la redacción de esta obra, el autor o el editor no pueden en modo alguno responsabilizarse por las informaciones (fórmulas, recetas, técnicas, etc.) vertidas en el texto. Se aconseja, en el caso de problemas específicos —a menudo únicos— de cada lector en particular, que se consulte con una persona cualificada para obtener las informaciones más completas, más exactas y lo más actualizadas posible. EDITORIAL DE VECCHI, S. A. U.

Diseño gráfico de la cubierta: © YES.

Fotografías de la cubierta: © *Hannes Hepp/Getty Images.*

Fotografías de la contracubierta: © *Jarek Szymanski/iStockphoto,* © *Donald Erickson/iStockphoto,* © *Geoff Black/iStockphoto,* © *iStockphoto.*

© Editorial De Vecchi, S. A. 2018
© [2018] Confidential Concepts International Ltd., Ireland
Subsidiary company of Confidential Concepts Inc, USA
ISBN: 978-1-68325-723-3

El Código Penal vigente dispone: «Será castigado con la pena de prisión de seis meses a dos años o de multa de seis a veinticuatro meses quien, con ánimo de lucro y en perjuicio de tercero, reproduzca, plagie, distribuya o comunique públicamente, en todo o en parte, una obra literaria, artística o científica, o su transformación, interpretación o ejecución artística fijada en cualquier tipo de soporte o comunicada a través de cualquier medio, sin la autorización de los titulares de los correspondientes derechos de propiedad intelectual o de sus cesionarios. La misma pena se impondrá a quien intencionadamente importe, exporte o almacene ejemplares de dichas obras o producciones o ejecuciones sin la referida autorización». (Artículo 270)

Índice

INTRODUCCIÓN	9

PARTE 1

CAPÍTULO 1: SER O NO SER... DE LA SALUD A LA OBESIDAD. 17
    Haciendo acopios 17
    Conocer el IMC. 18
    En busca del peso ideal 19
    Obesidad: en busca de un porqué. 20
    ¿Y ella por qué nunca engorda? 23
    Sobrepeso: menos el agua, todo lo que entra
        por la boca engorda 23
    Calorías al día. 24

CAPÍTULO 2: ESPEJO, ESPEJITO 25
    ¿Me sobra algo? 26
    Quererse mucho. 27
    La relevancia de las emociones 29
    El estrés, un arma de doble filo 30

CAPÍTULO 3: CONTANDO CON AYUDAS. 33
    Vamos a la compra 33
    Ante todo, organización 34
    Aprendiendo a comer 36
    Ante todo, discreción 36
    Errores que hay que evitar 37

Índice

Diez preguntas que merece la pena hacerse
antes de la dieta. 38
Un paso más: decálogo para el candidato a una dieta. . . . 39

CAPÍTULO 4: CON OJOS MÉDICOS. 43
Peligros reales. 44
Tener información 45
El metabolismo 45
La grasa. 46
Cambiar el chip 47
¿Hasta cuándo?. 49

CAPÍTULO 5: LO QUE SABEN DE NOSOTROS. 51
Ácido úrico. 51
Albúmina en sangre 52
Glucosa en sangre. 52
Urea en sangre 53
Creatinina. 54
Bilirrubina 54
Gamma GT 55
Transaminasa GOT 56
Transaminasa GPT. 56
Los niveles de colesterol 57
Triglicéridos 58

PARTE 2. LAS DIETAS
¿QUIÉN PUEDE HACER ESTAS DIETAS? 61
ENTENDER LAS FICHAS 62
Dieta de la alcachofa 68
Dieta ALCO. 71
Dieta Allen 74
Dieta antidieta 77
Dieta del astronauta. 81

Índice

Dieta de la avena	83
Dieta Beverly Hills	86
Dieta del biorritmo	89
Dieta del bocadillo	92
Dieta budista	95
Dieta de los cereales	98
Dieta del chocolate	101
Dieta de la Clínica Mayo	104
Dieta de la col	108
Dieta de los colores	112
Dieta cronodieta	115
Dieta de la crono-nutrición	118
Dieta del Dr. Atkins	121
Dieta del Dr. Gabe Mirkin	125
Dieta del Dr. Graschinsky	128
Dieta del Dr. Haas	131
Dieta del Dr. Hay	134
Dieta del Dr. Murúa	137
Dieta del Dr. Russo	140
Dieta del Dr. Shelton	143
Dieta del Dr. Terry Shintani	147
Dieta de los espárragos	150
Dieta de los frutos secos	153
Dieta Gayelord	156
Dieta de los Hamptons	158
Dieta del Instituto del Corazón de Miami	161
Dieta de la Luna	164
Dieta de Lutz	167
Dieta macrobiótica	170
Dieta mediterránea	174
Dieta Montignac	177
Dieta de Okinawa	180
Dieta del Paleolítico	184

Índice

Dieta de la pasta 187
Dieta de la patata 190
Dieta de la piña 193
Dieta de la *pizza* 196
Dieta del pomelo 199
Dieta Pritikin 202
Dieta de la remolacha 205
Dieta de la sandía 208
Dieta Scarsdale 211
Dieta del sirope de savia 214
Dieta de la soja 217
Dieta de la sopa mágica 220
Dieta South Beach 223
Dieta Stillman 228
Dieta del suero de leche 231
Dieta del té rojo 234
Dieta que tiene en cuenta el grupo sanguíneo 237
Dieta del tomate 241
Dieta de la uva 245
Dieta de las verduras crudas 248
Dieta Weight Watchers 251
Dieta del yogur 259
Dieta de la zona 262

TABLAS Y GLOSARIO 265

Introducción

Comemos rápido, sin pensar y, normalmente, mal. Las prisas del mundo moderno nos llevan a abandonar lo que antaño fueron ceremonias sociales. Hemos sustituido el fuego del hogar por la televisión y los ritmos naturales de luz y oscuridad por el reloj. Por supuesto, también hemos pasado de no tener horario para cazar o labrar los campos a la obligatoriedad de fichar. Con todo esto, el concepto de una vida sana y equilibrada se antoja una quimera.

En palabras de la antropóloga Carmen Bonilla: «No sabemos alimentarnos. Hemos perdido la noción del valor que tiene aquello que nos llevamos a la boca. Nuestros antepasados más lejanos comían cuando comían y lo que podían. Carecían de abundancia y, por tanto, su ágape siempre era esencial. Pero cuando se sentaban a la mesa, que en este caso no era tal, sino el frío suelo de la cueva, disfrutaban de los dones que les había dado la naturaleza. No se planteaban adelgazar, ni tampoco conceptos como alimentos disociados, altos o bajos en colesterol, con o sin azúcar... Su cuerpo —el nuestro también— estaba y está programado para la supervivencia, para aglutinar el máximo de reservas en forma de grasa en previsión de no poder comer el día siguiente».

En las sociedades del Primer Mundo, las necesidades de nuestro organismo van por un lado y las de nuestra mente consciente por otro. Nuestro cuerpo sigue preocupándose por el futuro y ansía reservar grasa para posibles días de carestía, mientras que la mente, influida por espejos, modas, estereotipos, emociones y falsos tabúes, parece perseguir todo lo contrario. Hasta que no exista una comunión entre ambos, un equilibrio, tendremos problemas dietéticos.

Pero las adversidades con respecto a lo que comemos y cómo nos afecta no sólo vienen de esta dicotomía, sino que también proceden del ritmo de vida, del «aquí te pillo, aquí te mato». Se calcula que más de un 60 % de la población trabajadora come fuera de casa. Ello implica ingerir uno de los ágapes más importantes del día sentados en un ruidoso restaurante de menú o comer en nuestro centro de trabajo, tras recalentar en un microondas alimentos que hemos cocinado horas antes.

Es cierto que fuera de casa podemos acceder a menús equilibrados con ensaladas, verduras y sopas, que nos ofrezcan segundos platos de carnes o pescados a la parrilla, así como piezas de fruta para el postre: esencialmente, la cada vez más reivindicada dieta mediterránea. El problema está en que la tentación, mediatizada por las prisas de volver al trabajo cuanto antes o de no darle a la acción de comer la importancia que realmente tiene, nos lleva a seleccionar cualquier plato combinado, cuyos ingredientes se sustentan en frituras, rebozados, exceso de grasas, etc.

Sólo cuando comemos en nuestra casa, algo que evidentemente no siempre es posible, sabemos qué estamos ingiriendo, cuánto tiempo hace que han sido preparados los platos, cuántas veces se ha utilizado el aceite de la fritura, qué tipo de grasas empleamos o si la salsa condimenta o disimula los ingredientes.

No sólo estamos perdiendo los buenos hábitos a la hora de comer. Comer es comer, no ver la tele, discutir proyectos laborales, revisar la reunión que tendremos a primera hora de la tarde, estudiar, pasar apuntes en el último momento, etc. No se come porque toque ni porque sea la hora, o al menos no debería ser así.

Nuestro día a día no contempla como valor esencial la alimentación. Es como si sólo nos acordásemos de ella cuando no nos queda más remedio que hacer dieta. Para el psicólogo Alfons Ramírez, «nuestro día a día es un *zapping* emocional continuo. Somos capaces de atender las necesidades sociales y familiares, las laborales, las de consumo, las domésticas y, cada vez más, pensamos que las alimenticias no necesitan protagonismo ni exclusividad, con lo cual acabamos mezclándolas con las anteriores. En mi consulta hago una pregunta a mis pacientes con la que siempre les sorprendo: "¿Cuánto tiempo destinas a tu alimentación?". La respuesta siempre es la misma: "Lo normal". Y desgraciadamente esta normalidad pasa por ir al supermercado justo antes de comer o de que cierren, al darse cuenta de que no hay nada en casa. Pasa por adquirir productos precocinados, elaborar platos deprisa y corriendo e ingerirlos mientras se hace otra cosa. Eso en el mejor de los casos. En otras ocasiones, la respuesta "Como cualquier cosa rápida, como un bocadillo o una barrita energética, y luego ceno bien" confirma la ausencia de prioridad alimenticia y la falta de conocimientos dietéticos».

Efectivamente, los testimonios que recoge Ramírez confirman que se ha olvidado aquel dicho de las abuelas que afirmaba que había que desayunar como un rey, comer como un príncipe y cenar como un mendigo. Los dietistas ratifican que la primera comida del día, el desayuno, debe ser la más relevante de todas, mientras que la cena, obligatoriamente, debe ser la más frugal, dado que el gasto calórico que se producirá tras ella será mínimo.

No sabemos comer. No apreciamos el ritual del ágape. Nos conformamos con alimentarnos muchas veces con cualquier cosa o con productos poco recomendables. Dejamos que prevalezca el estrés de nuestras obligaciones y, encima, vivimos en una sociedad de confort donde curiosamente cada vez hay menos tiempo para disfrutar de las cosas. ¿Cómo esperamos que reaccione nuestro organismo? Sin duda, mal. Pero, por si todo ello no fuera poco, hay otra piedra más en este camino: la presión social. Aquella que nos exige mentes perfectas en cuerpos perfectos, aunque sea a golpe

Introducción

de bisturí. La que nos recuerda, a través de miles de impulsos publicitarios, que vigilemos nuestros bífidus, potenciemos nuestras defensas, activemos las digestiones, pero que, paralelamente, nos bombardea con productos precongelados, precocinados, bollería industrial, comida rápida, etc.

Entre los años 2000 y 2004, en nuestro país fueron analizadas 32 000 personas. La buena noticia es que, con respecto a los últimos 20 años, la población española había crecido hasta 3,4 cm de media en los hombres y 4,2 en las mujeres, con lo que se equiparaba a la media europea. La mala noticia es que, aunque a lo alto éramos europeos, a lo ancho nos parecíamos cada vez más a los americanos, una población con un problema de sobrepeso evidente, ya que se calcula que a finales de 2008 el 73 % de los estadounidenses será obeso o padecerá problemas de sobrepeso.

Hace 20 años, sólo un 5 % de niños y adolescentes españoles eran obesos; hoy lo son el 15 %, según el estudio antropométrico realizado por cinco hospitales universitarios españoles y coordinado por el jefe del servicio de pediatría del Hospital Vall d'Hebron de Barcelona, el doctor Antonio Carrascosa. En dicho estudio se concluye que se ha ganado más peso que altura. España ha crecido, pero ha engordado de forma desproporcionada en comparación con la altura.

La explicación que han dado los investigadores al citado fenómeno es que la especie humana no está adaptada para la sobreabundancia de la sociedad del bienestar. Con lo cual, volvemos, metafóricamente, a la cueva, pero con una diferencia: como hicieron nuestros antepasados, comemos todo lo que está a nuestro alcance; sin embargo, no sólo tenemos muchísimo más que ellos, sino que, además, la caza ahora se encarga por teléfono o por Internet. En consecuencia, no hay movimiento ni gasto calórico, no hay necesidad de invertir mucho tiempo en obtener aquello que, al vivir en la sociedad del sedentarismo, nos engorda. En este sentido, los investigadores de este estudio antropométrico inciden en que los adolescentes de hoy en día —que serán los obesos de mañana— han dejado de moverse, mantienen actitudes sedentarias y, en vez de comer frecuentemente verduras, hortalizas, frutas y productos estacionales frescos, ingieren alimentos preparados con un aporte energético excesivo.

En resumen, si comiéramos de una forma sana y equilibrada en vez de precocinada, si nos moviéramos un poco más sin tener que destrozarnos necesariamente en el gimnasio de turno, si mantuviéramos una cotidianidad más relajada y diéramos a cada actividad —la de comer también— el tiempo que se merece, no tendríamos necesidad alguna de plantearnos hacer una dieta orientada exclusivamente a perder peso. Por tanto, este libro no tendría sentido.

Con anterioridad a establecer un plan de adelgazamiento hay que ser objetivo, mantener la coherencia y, por supuesto, contar con la ayuda de expertos nutricionistas, terapeutas o médicos. Antes de hacer dieta es necesario saber si de verdad la requerimos. Quizá, sólo con cambiar algunos hábitos, modificar o abstenernos de ciertas comodidades o ingredientes, será suficiente.

Llevar a cabo una dieta es una actitud, no una marca en el calendario. Sólo un 13% de la población que lanza como gran máxima el primer día del año un deseo, como dejar de fumar, apuntarse a un gimnasio, aprender un idioma o hacer dieta, lo sigue haciendo pasados tres meses. Se calcula que sólo un 5% llega a cumplir sus objetivos nueve meses después. Únicamente alrededor de un 2% inaugura el nuevo año y ha visto cumplidas sus expectativas. Las estadísticas confirman lo que todo el mundo intuye: las buenas intenciones de calendario son sólo eso, vagos deseos sin continuidad, espejismos que consuelan de momento nuestra falta de voluntad.

No existen dietas, pastillas o productos milagro. Lo único que va a conducirnos a mantener un peso adecuado será apostar, en el día a día, por una vida sana y equilibrada. La dieta, si entendemos como tal no aquello que está prohibido, sino el conjunto de sustancias y actitudes que forman parte de nuestra alimentación, debe ser, como cualquier hábito esencial, algo para toda la vida.

Llegados a este punto, la pregunta obvia es: ¿para qué sirve este libro? Evidentemente para que baje su peso, elimine retenciones de líquidos o reduzca volumen, pero sin milagros y con cordura.

Las dietas que le ofrecemos pueden ser un punto de partida —que debe ser custodiado por un profesional de la alimentación—, pero, una vez haya logrado sus objetivos, lo ideal sería que no tuviera que recurrir a ellas nunca más. Y solamente lo conseguirá si «aprende a comer» y reconoce el porqué de la orden cerebral del hambre —estómago vacío o vacío emocional—, programa la organización y la compra de los alimentos, y selecciona cómo, cuándo, con quién y dónde se los llevará a la boca.

PARTE 1

Capítulo 1

Ser o no ser...
De la salud a la obesidad

No es lo mismo adelgazar por motivos de salud que hacerlo para mantener la forma o por imperativos sociales o miméticos. El espejo puede engañarnos y la báscula es mucho más objetiva, pero antes de emprender cualquier medida deberíamos tener en cuenta dos valores de referencia, el índice de masa corporal (IMC) y el llamado *peso ideal*. Ninguno de los dos es puramente científico y tampoco reflejan un valor absoluto o exacto, pero nos ayudan a conocer si nuestro peso es el adecuado.

Haciendo acopios

Cuando nuestro organismo, por el motivo que sea, acumula grasa de forma anómala, con el consiguiente riesgo para nuestra salud física y mental, se dice coloquialmente que estamos fuera de peso. En grados moderados recibe el nombre de *sobrepeso*, en cuyo caso la Organización Mundial de la Salud (OMS) establece que tenemos un riesgo bajo de padecer enfermedades asociadas a dicho estado. En niveles elevados o muy altos recibe el nombre de *obesidad* y se considera que es una enfermedad con distintos grados de gravedad.

Conocer
el IMC

Para establecer las clasificaciones antes citadas, la OMS recurre a distintos indicadores. Desde la década de 1980, el de mayor relevancia es el IMC, un sencillo cálculo que establece la relación adecuada entre el peso y la altura de un individuo. La ventaja de este método con respecto a las tablas de peso ideal es que resulta más global, ya que los resultados no tienen en cuenta ni el sexo ni la edad en la población adulta; sin embargo, la OMS advierte de que se trata de una guía aproximativa.

Para conocer nuestro IMC debemos dividir nuestro peso por la estatura, expresada en metros, elevada al cuadrado (kg/m^2). Veamos el ejemplo de una persona que pesa 80 kg y mide 1,75 m:

1,75 (altura) × 1,75 = 3,06 (altura al cuadrado)
80 (peso) / 3,06 (altura al cuadrado) = 26 (IMC)

Para la OMS, el sobrepeso equivale a un IMC que sea igual o superior a 25 y determina que la obesidad se radica en valores iguales o superiores a 30. Resulta igual de nefasto pesar de más como hacerlo de menos. Por ello, a partir de los índices de IMC, la OMS establece la siguiente tabla:

IMC	Clasificación
• Por debajo de 18,5	• delgadez extrema
• De 18,5 a 24,9	• normal o saludable
• De 25 a 29,9	• sobrepeso
• De 30 a 34,9	• obesidad en primer grado
• De 35 a 39,9	• obesidad en segundo grado
• 40 o más	• obesidad extrema

Este libro está destinado única y exclusivamente a orientar a aquellas personas cuyo IMC esté entre 25 y 29,9. El uso de cualquier dieta para los que superan dichos valores queda restringido a las recomendaciones de sus médicos de familia.

En busca
del peso ideal

En las revistas y los libros, y especialmente en Internet, las tablas de peso ideal florecen cual almendros. Para el doctor Jiménez Marcos, «cualquier tabla de peso ideal, incluso aquellas realizadas bajo control médico, tienen una validez orientativa y no determinante. El auténtico peso ideal es aquel en que el individuo se encuentra a gusto, emocionalmente equilibrado, con niveles óptimos o normales de salud y en el que ninguna de sus actividades diarias se ve obstaculizada por el peso».

Más allá de lo que refleja la báscula, el peso óptimo de cada persona viene además determinado por su edad, sexo y constitución corporal. Hay individuos cuyos músculos y huesos son más pesados o voluminosos, y no por ello deben entender que tienen sobrepeso, el cual está vinculado al exceso de grasa.

Además de las tipologías pequeña, grande y mediana, que sirven para establecer valores de medición en las tablas de peso ideal, existen tres tipos básicos de constituciones corporales aceptadas de forma estandarizada:

- **Alargada:** visualmente son personas estrechas y alargadas. Los brazos y las piernas son largos en proporción a la imagen de conjunto, y la musculatura y el tronco son muy estilizados, con lo cual, en valores ópticos —y dentro del peso normal—, dan sensación de delgadez.

- **Estándar:** las extremidades están desarrolladas de manera proporcionada, los miembros están bien formados y presentan musculaturas medias. La estatura del individuo se corresponde aproximadamente con la envergadura de los brazos.

- **Cuadrangular:** el individuo presenta extremidades ligeramente más cortas en proporción al tronco. Su musculatura es recia, y la fortaleza corporal da una impresión de solidez. En valores ópticos, y siempre que se encuentren en un peso considerado como normal, pueden dar una mayor sensación de robustez.

Obesidad: en busca de un porqué

Las estadísticas afirman que, en 2015, habrá 2300 millones de adultos con problemas de sobrepeso y unos 700 millones con obesidad en todo el mundo.

La obesidad tiene dos orígenes: uno, el exógeno, provocado por la mala alimentación y el sedentarismo, que es sin duda el factor que más fácilmente se puede evitar; y el segundo y más peligroso, que recibe el nombre de *endógeno*, viene producido por alteraciones metabólicas. Sin embargo, hay un tercer tipo que comienza a tener protagonismo, el denominado *síndrome de Prader-Willi* (SPW).

El SPW se conoce desde 1956. En aquel momento se definió como un cuadro clínico de obesidad que afectaba al cerebro del paciente y alteraba su capacidad de aprendizaje y su facultad de llevar una vida normal. Pero en la década de 1980, y gracias a los avances de los estudios genéticos, se supo que no se trataba de una lesión cerebral, sino de una cuestión de genes. El SPW trastorna el funcionamiento del hipotálamo, que, entre otras cosas,

	Mujeres						Hombres					
Constitución	PEQUEÑA		MEDIANA		GRANDE		PEQUEÑA		MEDIANA		GRANDE	
	PESO(kg)		PESO (kg)		PESO (kg)		PESO (kg)		PESO (kg)		PESO (kg)	
Altura (m)	MÍN.	MÁX.	MÍN.	MÁX.	MÍN.	MÁX.	MÍN.	MÁX.	MÍN.	MÁX.	MÍN.	MÁX.
1,50	45,0	47,2	46,1	50,6	47,2	52,9	45,0	50,2	48,4	55,4	50,6	56,2
1,52	46,2	48,5	47,4	52,0	48,5	54,3	46,2	51,5	49,7	56,9	52,0	57,8
1,54	47,4	49,8	48,6	53,4	49,8	55,7	47,4	52,9	51,0	58,4	53,4	59,3
1,56	48,7	51,1	49,9	54,8	51,1	57,2	48,7	54,3	52,3	59,9	54,8	60,8
1,58	49,9	52,4	51,2	56,2	52,4	58,7	49,9	55,7	53,7	61,5	56,2	62,4
1,60	51,2	53,8	52,5	57,6	53,8	60,2	51,2	57,1	55,0	63,0	57,6	64,0
1,62	52,5	55,1	53,8	59,0	55,1	61,7	52,5	58,5	56,4	64,6	59,0	65,6
1,64	53,8	56,5	55,1	60,5	56,5	63,2	53,8	60,0	57,8	66,2	60,5	67,2
1,66	55,1	57,9	56,5	62,0	57,9	64,8	55,1	61,4	59,2	67,8	62,0	68,9
1,68	56,4	59,3	57,9	63,5	59,3	66,3	56,4	62,9	60,7	69,5	63,5	70,6
1,70	57,8	60,7	59,2	65,0	60,7	67,9	57,8	64,4	62,1	71,2	65,0	72,3
1,72	59,2	62,1	60,6	66,6	62,1	69,5	59,2	66,0	63,6	72,8	66,6	74,0
1,74	60,6	63,6	62,1	68,1	63,6	71,1	60,6	67,5	65,1	74,5	68,1	75,7
1,76	62,0	65,0	63,5	69,7	65,0	72,8	62,0	69,1	66,6	76,3	69,7	77,4
1,78	63,4	66,5	65,0	71,3	66,5	74,5	63,4	70,7	68,1	78,0	71,3	79,2
1,80	64,8	68,0	66,4	72,9	68,0	76,1	64,8	72,3	69,7	79,8	72,9	81,0
1,82	66,2	69,6	67,9	74,5	69,6	77,8	66,2	73,9	71,2	81,6	74,5	82,8
1,84	67,7	71,1	69,4	76,2	71,1	79,6	67,7	75,5	72,8	83,4	76,2	84,6
1,86	69,2	72,7	70,9	77,8	72,7	81,3	69,2	77,1	74,4	85,2	77,8	86,5
1,88	70,7	74,2	72,5	79,6	74,2	83,1	70,7	78,8	76,0	87,0	79,5	88,4
1,90	72,2	75,8	74,0	81,2	75,8	84,8	72,2	80,5	77,6	88,9	81,2	90,3
1,92	73,7	77,4	75,6	82,9	77,4	86,6	73,7	82,2	79,3	90,8	82,9	92,2
1,94	75,3	79,0	77,2	84,7	79,0	88,4	75,3	83,9	80,9	92,7	84,7	94,1
1,96	76,8	80,7	78,8	86,4	80,7	90,3	76,8	85,7	82,6	94,6	86,4	96,0
1,98	78,4	82,3	80,4	88,2	82,3	92,1	78,4	87,4	84,3	96,5	88,2	98,0
2,00	80,0	84,0	82,0	90,0	84,0	94,0	80,0	89,2	86,0	98,5	90,0	100,0
2,02	81,6	85,7	83,6	91,8	85,7	95,9	81,6	91,0	87,7	100,5	91,8	102,0
2,04	83,2	87,4	85,3	93,6	87,4	97,8	83,2	92,8	89,5	102,5	93,6	104,0
2,06	84,9	89,1	87,0	95,5	89,1	99,7	84,9	94,5	91,2	104,5	95,5	106,1
2,08	86,5	90,9	88,7	97,3	90,9	101,7	86,5	96,5	93,0	106,5	97,3	108,2

controla el apetito. Dicha alteración provoca que el enfermo no distinga entre la sensación de hambre y la falta de saciedad. Pero, además, este síndrome genera que el organismo almacene más grasas de las que necesita, con lo cual el descontrol es doble. Por una parte, se produce la obesidad endógena y, por otra, la exógena; podríamos resumirlo, un tanto burdamente, como «además de estar gordo, siempre tengo hambre y nada me sacia». Afortunadamente se calcula que, de cada millón de personas, sólo 66 padecen esta dolencia.

De vuelta a la obesidad endógena, en la que no profundizaremos, dado que no es el objetivo de este libro, cabe indicar que se produce por múltiples causas, como la herencia genética y las alteraciones del comportamiento de los sistemas nervioso, endocrino y metabólico.

Gracias a los avances genéticos y a los estudios del ADN, se cree que, en un futuro, este tipo de obesidad podrá ser tratado, corregido e incluso curado. En 2007, un grupo de científicos del Centro de Investigaciones Médicas del Reino Unido publicaron en la revista *Science* el descubrimiento de un gen llamado «FTO» y determinaron que cuando una persona tiene dos copias de dicho gen posee un 70 % de riesgo de padecer obesidad, frente a un 30 % de quien sólo tiene una copia.

¿Y ella por qué nunca engorda?

Hay personas que mantienen costumbres alimenticias indudablemente nocivas para su salud y que, como por arte de magia y a pesar de la notable ingesta de grasas, jamás engordan. El misterio parece comenzar a resolverse y ya tiene nombre: «APOA5». Se trata de un gen que ha sido descubierto en la Universidad de Tufts, en Estados Unidos. El «APOA5» se ocupa de metabolizar la grasa del organismo e impide la obesidad con independencia de la cantidad consumida. Este gen se encontró mientras se buscaba una explicación al hecho de que muchos individuos, pese a tener una dieta excesivamente rica en calorías y grasas, nunca engordan.

De cara al futuro, en opinión del director del Laboratorio de Genómica y Nutrición de la citada Universidad de Tufts, el científico José María Ordovás, gracias a hallazgos como este podrán hacerse recomendaciones nutricionales personalizadas que estarán basadas en la información genética de cada individuo. Esto, que ahora mismo nos parece ciencia ficción, recibe el nombre de *nutrigenómica*.

Sobrepeso: menos el agua, todo lo que entra por la boca engorda

Esta afirmación un tanto drástica contradice la última corriente pseudodietética que afirma que hay alimentos adelgazantes, como los espárragos, las cebollas o los limones. Los únicos alimentos que adelgazan son los que se quedan en el plato, pero no queremos entrar en discusiones peregrinas, sino que simplemente obviaremos el dato e iremos directamente a la lista que se ha mantenido pegada en la puerta de nuestras neveras hasta amarillear. Nos referimos a la tan conocida, usada y aceptada tabla de índices calóricos. Pero vayamos por partes.

Lo que de verdad nos va a permitir mantener un peso ideal durante toda nuestra vida es una correcta proporción entre el consumo y el gasto de calorías. No hay más. El organismo se alimenta para adquirir la energía que necesita para mantenerse y repararse día a día. Dicha energía la obtiene de los hidratos de carbono, las proteínas y las grasas. Sin embargo, para no padecer un desequilibrio en peso o en nutrientes, debemos ingerir los alimentos —en este caso, los calóricos— de forma adecuada.

Calorías
al día

Necesitamos un aporte calórico diario de 2000 a 2500 calorías en los varones adultos y de entre 1500 y 2000 en el caso de las mujeres. El 65% de estas calorías lo invertimos en el funcionamiento normal del hígado, el cerebro, el corazón y los riñones. Y es que, aunque nos pasáramos la vida tumbados en el sofá, nuestro cuerpo precisaría entre 1000 y 1200 calorías diarias.

Con respecto al consumo calórico, según aumenta la edad, el metabolismo se ralentiza y mengua las necesidades y el gasto de calorías.

Por lo que se refiere a las actividades que nos hacen consumir más o menos calorías, debemos desterrar la idea que asocia exclusivamente el gasto calórico con el desarrollo de esta tarea. Resulta incierto que todos gastemos las mismas calorías al limpiar los cristales, estar sentados o ducharnos.

Para saber de verdad en qué invertimos nuestra energía debemos tomar como valor referencial el peso y el sexo. Un hombre y una mujer que pesen exactamente igual y estén realizando actividades idénticas no consumen las mismas calorías: por defecto, el sexo femenino invierte un 10% menos de energía. Pero, además, para averiguar en qué gastamos nuestras calorías tenemos que realizar una sencilla operación matemática: hemos de multiplicar las calorías usadas por minuto por nuestro peso. Por ejemplo, pongamos el caso de una pareja. Ambos están sentados en el sofá viendo la televisión. Esta actividad implica un gasto de 0,025 calorías por minuto y kilo de peso. El hombre pesa 80 kilos y la mujer, 70. Al cabo de una hora él habrá consumido 120 calorías frente a las 94,5 de ella. A ello añadiremos que el hombre ha consumido, además, para mantener su metabolismo, una caloría por hora y kilo de peso, mientras que la mujer sólo ha gastado 0,9.

Capítulo 2

Espejo, espejito

Hemos pasado de la curva de la felicidad a la elipse de la decepción. De la supuesta simpatía y jovialidad del «gordo feliz» al obeso que, además de tener un problema de salud, es rechazado por la sociedad, que ve en él un estereotipo del fracaso. Aunque para sentirse mal con uno mismo, no siempre hace falta parecer un modelo de Botero.

Los medios de comunicación y las modas no favorecen en nada las percepciones que podemos tener a través de un espejo. Y si rizamos el rizo, podemos llegar al punto de la crueldad y el ridículo para quien no cumple unos estereotipos de apariencia física. Un ejemplo de ello lo encontramos en el criticado *reality show* emitido por la BBC3, un canal público por cable de la televisión británica, llamado *Fat Kids Can't Hunt* («Los chicos gordos no saben cazar»). Una especie de *Gran Hermano* donde diez adolescentes obesos son «desterrados» a una selva en la que deben pasar todo tipo de pruebas para poder alimentarse. La cadena vende el programa como «la oportunidad de unos chicos de cambiar su poco saludable relación con la comida».

Antaño, los gordos eran presentados como fenómenos de circo y se les paseaba y exhibía de pueblo en pueblo. Su enfermedad era a la vez su trabajo y su gordura se retroalimentaba en un eterno círculo vicioso: en cierta manera, podía decirse que comían para trabajar. Ahora, el escarnio se realiza a través de la televisión. Una vez más, la amoralidad recorre los rayos catódicos de una televisión pública.

Mientras, el Gobierno laborista de Reino Unido tiene previsto invertir en tres años casi 500 millones de euros en bonos canjeables por comida saludable o cuotas de gimnasio para que los obesos británicos, el 25 % de la población adulta y el 30 % de la infantil, cambien de vida. Incongruencias de la vida o quizás no, la eterna lucha entre la forma y el fondo, aquella que afirma que el fin justifica los medios... Dos medios, el amarillista y el constructivo, ambos pagados por el ciudadano, para llegar a un mismo resultado.

¿Me sobra algo?

En personas normales, sanas y equilibradas física y mentalmente —que no padezcan ni anorexia ni bulimia—, una dieta está condenada al fracaso si no sabemos distinguir si su necesidad es real o virtual. Y es que no hace falta padecer una enfermedad psicológica para tener una percepción distorsionada de la realidad. Veamos las diferencias.

1. Necesidad real

Los motivos son objetivos, tangibles, demostrables y cuantificables mediante una analítica y un chequeo médicos.

Se cuenta con un asesoramiento profesional cualificado.

Se obtienen resultados, positivos o negativos, veraces y controlados médicamente. No hay lugar para la improvisación.

Se tiene el apoyo y la comprensión familiar y del entorno.

2. Necesidad virtual

Las razones suelen ser subjetivas y se amparan en una infravaloración física y emocional, una distorsión de la realidad o una moda.
  Se improvisa al jugar al ensayo-error.
  Se incurre en el autoengaño, pues la tutoría pasa por uno mismo o por las influencias de las amistades. Siempre hay un «experto» cerca.
  Suele generar sentimientos de incomprensión y aboca al aislamiento y a problemas con el entorno familiar más próximo.

Con independencia de las razones —objetivas o no— que nos llevan a hacer una dieta, existe la posibilidad del fracaso. El abandono, la falta de tiempo, de paciencia, o la flaqueza de la fuerza de voluntad para acometer, paso a paso, los procedimientos que nos conducirán a la meta propuesta pueden dar al traste con un tiempo y un esfuerzo ya iniciados.

  ¿Qué es lo que falla? El autoconvencimiento y el amor propio, la autoestima en el sentido más literal. La vida sigue y no es un concurso de televisión, una caja cerrada que nos aísla de todo y de todos. Por eso, no sólo los dietistas, sino también los terapeutas y psicólogos, insisten en la necesidad de acompañar la dieta con una serie de actitudes, acciones y trucos que nos allanen el terreno, que sepan premiar nuestro esfuerzo y no conviertan en un fracaso cualquier pequeña adversidad.

Quererse
mucho

Hay una clave esencial para mantener una dieta: asumir que suele ser una apuesta a largo plazo y que no pasa sólo por los 3, 7 o 15 días que pueda durar la restricción. Para el psicólogo Alfons Ramírez, «es imperativo hacer un planteamiento que nos permita cambiar los hábitos y las creencias ambiguas, desconcertantes y erróneas que tenemos sobre nosotros mismos. Sólo alcanzaremos el éxito si somos capaces de conocernos física y mentalmente. Pensamos —y este es otro error— que una dieta es un periodo de tiempo limitado de esfuerzo y que, pasado este, la vida sigue alegremente como antes, sin límites ni reglas, pero ese no es el camino».

La mejor dieta y la más efectiva es la que representa no sólo un cambio de estilo en la comida, sino algo mucho más profundo, que nos permite realizar un descubrimiento personal global y nos conduce al camino de la aceptación de nosotros mismos y de nuestras propias circunstancias. «Pero aceptarnos empíricamente, sin renunciar a modificar aquello que no funciona», indica Ramírez, que también asegura que muchas personas confunden la aceptación con la renuncia: «aceptar que uno está obeso no implica no tomar las medidas para dejar de estarlo. Admitir que se padece sobrepeso no significa conformarse con un "esto es lo que hay" y no hacer nada. Aceptarnos, en este caso, es poner en evidencia que tenemos un problema y que somos capaces de luchar para conseguir solucionarlo».

Uno de los grandes errores de las dietas es hacerlas con la esperanza de parecerse a alguien o gustar más a otra persona, o simplemente probarlas porque nos han dicho que realmente funcionan.

Los terapeutas y los psicólogos afirman que la mejor dieta es aquella que nos permite hallar un equilibrio saludable entre lo que somos y lo que queremos ser. Sólo así podremos asumir nuestras características personales y sentirnos a gusto con ellas sin tener que emular a nadie.

La relevancia
de las emociones

Todavía sigue vigente en nuestra cultura aquel dicho de «las penas con pan son menos» o el de «pan y vino alegran el camino». Nos han enseñado que la comida es un consuelo y que puede ayudarnos en los difíciles vericuetos de la vida: seguimos «matando» las emociones en lugar de enfrentarnos a ellas. «La pena, el miedo, la frustración, la soledad, el aburrimiento y hasta los celos son una excusa más que suficiente para desvalijar la nevera», asegura Ramírez; la sociedad moderna no está preparada para abrir la «caja de los truenos» o, como decía Jung, «la sombra» que todos cargamos, como una mochila repleta de todo lo que nos molesta o no queremos reconocer.

Toda acción genera una emoción. Según el psicólogo estadounidense Daniel Goleman, el famoso autor del libro *Inteligencia emocional*, las emociones son los ingredientes principales que contribuyen a nuestro éxito o fracaso. El primero depende de reconocerlas, entenderlas, hacerlas nuestras y actuar en consecuencia; el segundo, de dejarnos llevar por los efectos que estas producen.

Si partimos de la base de que cualquier emoción es una manifestación química endógena y dejamos que actúe libremente sin tomar conciencia de ella o la obviamos, actuaremos químicamente. Permitiremos que nuestro cerebro reponga sus sustancias endógenas a través de la ingesta indiscriminada de todo aquello que nos hace sentir bien o nos consuela, y que no suele ser un ramillete de berros o unos palitos de zanahoria, sino dulces o grasas donde mojar pan.

Para Goleman, la persona que come porque está aburrida es tan inconsciente como la que se atiborra de chocolate para mitigar su desconsuelo. Ninguna de las dos está asumiendo lo que le pasa. ¿Cuál es la solución? En primer lugar, reconocer las emociones cuando aparecen y adecuarlas al momento. ¿Qué cura el aburrimiento? La distracción y la acción. ¿Qué cura el desconsuelo? La comprensión y la sociabilización. La ingesta de alimentos cura el hambre, que no es una emoción, sino una función fisiológica.

El estrés, un arma de doble filo

Uno de los peores enemigos de la dieta es el estrés. Una persona con una actividad normal tiene que reaccionar, al cabo del día, a una veintena de estímulos estresantes. La mayoría de ellos son tan inocuos que los atajamos de manera automática, pero otros hacen mella en nuestro organismo tanto física como emocionalmente.

Por definición, el estrés acontece cuando el cerebro se sitúa en alerta máxima y agudiza los sentidos. Ordena la activación de las glándulas que llevan adrenalina y cortisona hacia el torrente sanguíneo para que aumentemos la producción de energía y la fuerza muscular.

El estrés es una situación de emergencia donde lo «programado» se descontrola. Nuestro cerebro no entiende si el cambio es bueno o malo, sino que se trata de una alteración, y antes de juzgarla, para que podamos responder a ella, activa todas las alarmas.

Según el fisiólogo canadiense Hans Seyle, cuando acontece una situación de estrés se producen tres fases de reacción.

La primera es la de alarma, que prepara nuestro cuerpo para la acción. Las glándulas endocrinas liberan hormonas, se incrementan los latidos del corazón y el ritmo respiratorio, se elevan los niveles de azúcar en la sangre, se dilatan las pupilas y se lentifica la digestión.

En la segunda fase, denominada *de resistencia*, el organismo repara automáticamente cualquier daño causado por la reacción de alarma, pero si continúa la situación de estrés, se anula de inmediato este estadio y se vuelve a la primera etapa.

La tercera fase se denomina *de agotamiento* y acontece tras una exposición prolongada a situaciones estresantes. En realidad, supone la sobreexplotación de las reservas de energía del organismo, lo que provoca situaciones de ansiedad, alteración de las emociones e incapacidad para controlarlas.

Con un panorama como este, se sobreentiende que una de las claves para hacer una dieta de forma adecuada sea controlar que no se está bajo ningún tipo de presión estresante.

Ahora bien, debemos distinguir entre el estrés negativo, o *distrés*, y el positivo, llamado *eustrés*. En el primer caso, la emergencia supera la capacidad de respuesta de nuestro organismo; en cambio, el segundo es un estado gratificante y placentero.

Si enfrentarnos a la dieta implica tensión, desgana, aparición de problemas, desmotivación y, en definitiva, es un «rollo» que nos aporta más alteraciones que beneficios, estamos generando distrés. Pero si somos capaces de tomarnos la dieta con ilusión, nos motivamos y nos esforzamos por ir un paso más allá, lograremos estimular el organismo con un óptimo nivel de eustrés.

En los estudios realizados por el doctor Hans Seyle se afirma que el eustrés estimula el sistema límbico, responsable de gestionar las respuestas fisiológicas producidas por las emociones y que, además, está vinculado con la memoria, la atención, la personalidad y la conducta. Un estrés positivo hará que veamos la dieta como una aliada y no como una enemiga.

Capítulo 3

Contando con ayudas

Tanto si ha llegado a la conclusión de que necesita llevar a cabo una dieta, como si lo que desea es modificar sus costumbres alimenticias, no ha de imaginarse que está a punto de entrar en una época de mortificación, castigo y aburrimiento, sino que debe cambiar el chip y realizar un planteamiento constructivo.

Hacer dieta es como montar en bicicleta o aprender a nadar. Una vez lo haya hecho —y haya fracasado—, el regusto le quedará para siempre. Permanecen presentes las renuncias, el hambre, el malhumor y mirar al cielo esperando ver volar pollos ya cocinados. Nuestra pretensión, evidentemente, es otra. Su trabajo, por ahora, consistirá en hacer memoria de los anteriores fallos y motivos de abandono y procurar no repetirlos. Por nuestra parte, vamos a ofrecer en forma de consejos las bases teóricas que debería seguir no sólo aquella persona con sobrepeso o que precisa hacer dieta, sino todo el mundo.

Vamos a la compra

El supermercado se convierte en un escaparate de todas las tentaciones posibles, esas que pueden hacer tambalear la fuerza de voluntad de cualquiera. Por tanto, a la hora de comprar procure tener en cuenta lo siguiente:

- Prepare una lista realista y «ascética» de todo lo que necesita adquirir para hacer su dieta.
- Aunque no esté haciendo dieta, decántese preferentemente por los productos naturales, de bajo aporte calórico, frescos y sin manufacturar, enlatar o precocinar.
- Cíñase exclusivamente a su listado y piense que «lo que no está en él no existe».
- Vaya a comprar con el estómago siempre lleno. Si hace lo contrario, se incrementa el peligro de comprar algo que no tenga previsto.
- Si su dieta no es lo suficientemente saciante, antes de ir a comprar beba líquidos en abundancia.
- Si, a pesar de todo, las tentaciones gastronómicas le superan, haga su compra por teléfono o Internet.
- Lo que no está en la despensa no se come: evite los dulces, las galletas, los frutos secos, los *snacks* y todos aquellos alimentos que se ingieren compulsivamente.

Ante todo, organización

No pueden improvisarse ni los horarios de las comidas ni el contenido de los platos. Debe saber en todo momento qué y cuándo comerá, y planificar su menú según la dieta que está siguiendo o tomando como referencia las tablas nutricionales y calóricas.

- Mantenga un horario regular para comer que pueda seguir todos los días.

- Procure comer cinco veces al día. De esta manera acostumbrará a su cerebro a recibir con más periodicidad la señal de recepción de nutrientes, y reducirá las emisiones de señales de hambre.
- No se salte ninguna comida. Si lo hace, lo único que consigue es ralentizar el metabolismo.
- Si el hambre aprieta, decántese por los líquidos.
- Evite la mala costumbre de «vivir» en la cocina y acuda a ella sólo para cocinar o comer, si este es su lugar preferido de la casa.
- Utilice una vajilla de tamaño pequeño. La sensación óptica será de mayor plenitud.
- Mantenga la regla de urbanidad de usar un plato para cada una de las comidas del menú.
- Sirva sus platos fuera de la mesa y, antes de empezar a comer, colóquelos todos juntos. De esta manera, su visión del total que ingerirá será más gratificante.
- Utilice la imaginación a la hora de presentar los platos. Siempre podrá recurrir a decorarlos con especias y disponer los alimentos de forma que «llenen» y resulten agradables a la vista. Por ejemplo, en lugar de colocar dos tristes lonchas de queso haciendo compañía a una solitaria zanahoria, transforme el plato en una creación de canelones vegetales. Juegue con la textura y la consistencia de la zanahoria, cuézala al vapor con especias, junto con un poco del mismo queso que le servirá de envoltura. Gratínelo un poco y el manjar estará listo. Y de postre, una vulgar naranja puede convertirse en un vistoso «*carpaccio* de cítrico aromatizado con canela». Sólo tiene que pelar la naranja, cortarla en láminas, disponerlas en forma de flor sobre un plato, espolvorearla con canela y, finalmente, decorarla con minúsculas raspaduras de su piel mezcladas con edulcorante en polvo.

Aprendiendo a comer

Debe convertir el momento en que se siente a la mesa en «sagrado» y centrarse exclusivamente en el motivo que le ha llevado hasta allí: disfrutar de la comida.

- Evite todo lo que le aparte de su objetivo, como ver la televisión, hablar por teléfono, leer, etc.
- Llévese a la boca pequeñas porciones de comida y, entre bocado y bocado, deje los cubiertos junto al plato. Hasta que no haya tragado completamente un mordisco, no vuelva a cogerlos para pinchar otro trozo.
- Coma y mastique lentamente. Así, podrá percibir el aroma de lo que ingiera y paladearlo con calma.
- De vez en cuando deje de comer y haga una pequeña pausa; le ayudará a mitigar la ansiedad y aprenderá a controlar los ritmos.
- Lo ideal es que coma en compañía (siempre y cuando la otra persona se conforme con comer lo mismo que usted). Aproveche las pausas para conversar, pero procure que el tema no gire en torno a la comida.
- En cuanto termine de comer retire los platos, lávelos o introdúzcalos en el lavavajillas y, aunque la cocina le sirva habitualmente de comedor-sala de estar, abandone este espacio.

Ante todo, discreción

La ley no escrita de Murphy dice que, en cuanto se ponga a hacer dieta, todo el mundo le hablará de comida, le preguntará por los motivos de su dieta o le invitará a opíparos festejos. Hacer dieta no está reñido con la vida social, pero en sus inicios conviene mantener la discreción y seguir algunos trucos.

- Antes de que acuda al evento, tómese un caldo desgrasado, un zumo de tomate o una pieza de queso o yogur dietético y, por supuesto, llénese de agua.
- A la hora de beber decántese por los zumos, los refrescos edulcorados, preferentemente sin gas, o el agua. Aprovéchese de que, en la actualidad, existen unas magníficas y sofisticadas «cartas de agua».
- Procure no aliñar las ensaladas ni servirse alimentos elaborados con salsas.
- Elija como segundos platos carnes o pescados a la plancha, a la sal, a la papillote, al vapor..., es decir, sin grasa.
- En cuanto a los postres, entre un helado y un sorbete, elija este último y, por supuesto, lo ideal es que tome fruta lo más exótica, acalórica y tropical posible.
- Si no comenta que está haciendo dieta, evitará que se hable de comida e incluso que aparezcan espontáneos en forma de grandes consejeros dietéticos. Haga oídos sordos a esas manidas máximas de «por un día no pasa nada» o «un día es un día». Ciertamente, un día es un día, pero sólo a usted le toca escoger de cuál se trata.

Errores
que hay que evitar

Lo primero que tiene que hacer es mantener una vida normal. No puede permitirse que le obsesione el tiempo transcurrido o el que falta para lograr sus objetivos, la báscula, la comida...

- No se pese a diario; lo más aconsejable es que lo haga una vez a la semana, en ayunas, tras aligerar el intestino y siempre en la misma báscula, a la misma hora y con la misma ropa.
- No se obsesione con el gimnasio. «Matarse» realizando una tabla durante dos horas no le va a servir para nada si al día siguiente se deja caer en el sofá. Lo importante es la regularidad y la constancia. Los golpes de efecto sólo conseguirán activar, junto con el desánimo, sus «agujetas».
- Respecto al ejercicio físico cotidiano, practique el deporte casero: sustituya ascensores por escaleras, desplácese caminando y, si no tiene más remedio que utilizar el transporte público, establezca como ejercicio regular subir una parada después o bajar una antes y camine a paso vivo hasta el lugar de destino. Muévase siempre que pueda.
- Si su situación laboral, sentimental, familiar o social es adversa o agitada, posponga la dieta hasta que sus emociones y circunstancias se centren.

Diez preguntas que merece la pena hacerse antes de la dieta

Desde el prisma emocional, es conveniente que, antes de plantearnos un cambio alimenticio y de ritmo dietético, el cual afectará a buen seguro nuestra cotidianidad, respondamos, preferentemente por escrito —por aquello de dejar constancia— a las siguientes preguntas:

1. ¿Por qué quiero adelgazar?
2. ¿Para satisfacer a quién? ¿A mí o a otra persona?
3. ¿Es necesario para mi salud física o mental?
4. En caso de que consiga adelgazar, ¿seré más feliz?

5. ¿Si adelgazo, conseguiré un mayor éxito y unas mejores relaciones sociales?
6. ¿Mis amigos me querrán más o igual?
7. ¿Me conducirá la dieta a un mayor equilibrio emocional?
8. ¿Mejorará tangiblemente mi cotidianidad?
9. Una vez escogida la dieta, ¿es la más aconsejable para mí?
10. ¿Podré llevarla a término más allá de los primeros días sin que ello suponga un esfuerzo enorme?

Estas preguntas no forman parte de un test. No hay valores referentes que puntúen sus respuestas, sino que sólo tienen el objetivo de hacerle reflexionar y ayudarle a conocer con qué cuenta y qué quiere.

Un paso más: decálogo para el candidato a una dieta

Más allá de las valoraciones médicas basadas en una información analítica, si sigue pensando —y le permiten— hacer dieta, debería tener en consideración las siguientes claves:

Realismo

Antes de iniciar una dieta debe saber cuáles son sus expectativas, conocer si son realistas y plausibles, si podrá llevarlas a cabo en el tiempo que se ha marcado y, especialmente, si todo ello es compatible con su naturaleza y su forma de vida.

- Poner el listón por encima de sus posibilidades es garantía de fracaso.

Información

Si su propósito es claro, debe acudir a un especialista para que verifique si su plan es compatible con su salud.

• Omitir este paso es una irresponsabilidad.

Convencimiento

Antes de comenzar una dieta a disgusto y sin convicción, es mejor no iniciarla.

• No pierda el tiempo ni se lo haga perder a los demás.

Optimismo

Valore los logros, por pequeños que sean. No caiga en pensamientos negativos y asuma que cambiará de hábitos y que, al principio, le va a costar adaptarse.

• Visualice que la botella siempre está medio llena.

Paciencia

El tiempo es una medida relativa y cada organismo tiene sus propios sistemas de acción y reacción. Querer ir más allá y forzar la máquina sólo le pondrá en peligro.

• Usted es único e irrepetible y su proceso también lo es.

Voluntad

Mantenga el ánimo y sea persistente: saltarse una norma repetidamente puede significar tener que volver a empezar.

- En las dietas no existe la excepción que confirma la regla.

Confianza

No delegue en los demás la responsabilidad, la fuerza de voluntad y el empuje de aquello que sólo le compete a usted. Confíe en sus esfuerzos y dese tiempo.

- Si no confía en usted, ¿en quién lo va a hacer?

Autoestima

No es ni mejor ni peor que nadie. Si otros han logrado sus objetivos, usted también puede hacerlo. Cada vez que se sienta desfallecer, inyéctese una dosis de fe en su persona, esperanza en sus logros y caridad respecto a los pequeños traspiés.

- Blinde su amor propio.

Sinceridad

No se engañe. Su médico puede ayudarle, pero la única persona que pasa las 24 horas del día con usted es sólo usted mismo.

- Si no cumple con las normas que se ha marcado, se está mintiendo.

Sensatez

Aparte de su mente objetivos milagrosos y sin contrastar, los remedios mágicos que a todo el mundo le funcionan y las extravagancias alimenticias, que lo único que pueden ofrecerle es perder, además de dinero, salud.

- La dieta es para su cuerpo, no para su sentido común.

Capítulo 4

Con ojos médicos

Dieta sí, pero con control médico. Y es que cuando nos sometemos a una dieta adelgazante, no podemos obviar todo lo relativo a la salud física.

Por este motivo, antes de pasar de lleno a la segunda parte del libro, cedemos la palabra a Marco Antonio Jiménez Mora, doctor en medicina general, dietista y homeópata, a quien agradecemos su colaboración por la aclaración de ciertos mitos, tópicos y hasta errores.

«Hacer dieta puede ser desde establecer una pauta de los hábitos alimenticios, en busca de una línea adelgazante o no, hasta llevar a cabo un mayor control sobre lo que comemos. La síntesis es clara: la dieta es el hecho de actuar y controlar los hábitos alimenticios para lograr mantener los equilibrios de salud. Eso sí, siempre debe tenerse en cuenta la premisa de que es la dieta la que ha de adaptarse a las necesidades del paciente.

»En primer lugar, debemos estudiar si se pretende hacer dieta porque sobra "algo" que le resulta estéticamente molesto al paciente o porque este "algo" puede ocasionarle problemas fisiológicos. Hay una diferencia: lo primero es subjetivo, mientras que lo segundo se constata por medio de una analítica.

»Es falso que todo el mundo pueda hacer cualquier dieta de un día para otro, sin más. Somos únicos y, por tanto, la dieta debe considerar la naturaleza e idiosincrasia del individuo. Y debe hacerlo no sólo desde el prisma analítico global, sino también desde el emocional y, por supuesto, ha de tener en cuenta el entorno y la cotidianidad del sujeto.

»La forma correcta de adelgazar no es dejarnos llevar por el impulso y apuntarnos de pronto a la dieta que nos han dicho, hemos leído o supuestamente está de moda, porque la sigue la actriz, la cantante o la modelo del momento. La dieta, en caso de que sea necesaria —y ello no viene determinado sólo por la báscula, ni tampoco por el espejo—, debe adaptarse perfectamente a lo que precisa el paciente e incluso a lo que le gusta comer».

Peligros
reales

«**E**s cierto que hay algunas dietas —en especial, entre aquellas que el Ministerio de Sanidad denuncia, con razón, como falsamente "milagrosas"— que lo único que hacen es destrozarnos el organismo y matarnos de hambre. Hacer dieta no debería constituir un sufrimiento; lo que pasa es que se carece de conciencia y se tiene mucha prisa. Hay una base o norma esencial: adelgazar muy rápido, además de no ser sano, implica volver a recuperar el peso, e incluso aumentarlo, con mayor celeridad. Me estoy refiriendo al llamado popularmente *efecto yoyó*.

»Las dietas que aseguran que se puede comer de todo mientras se pierde peso a velocidad de crucero, las que pretenden que se ingieran laxantes, las que se apoyan en el consumo de inhibidores del apetito o esas otras que proponen productos excéntricos no son de fiar desde el punto de vista médico. Básicamente, porque quizá sí que perderá el peso que le dicen, pero ¿a qué coste para s u salud? Y, en el mejor de los casos, ¿cómo se mantendrá en el peso que haya alcanzado? Si supiésemos alimentarnos correctamente, llevásemos una vida saludable, hiciésemos ejercicio regularmente y quemáramos las calorías en proporción directa al con-sumo-gasto, ni las dietas ni, por supuesto, su mantenimiento tendrían razón de ser».

Tener información

«**D**ecía que todos somos únicos, pero, además de ajustar al máximo la dieta para que resulte agradable, debemos valorar la edad y el sexo de la persona, su índice de masa corporal, su peso y su estado vital en el momento que va a comenzar la dieta. Tenemos que realizar un historial médico completo, qué enfermedades ha sufrido y cuáles padece. Estamos obligados a conocer y, para ello, están las analíticas bioquímicas.

»No basta con saber que no tenemos colesterol y ya está. Debemos estudiar las funciones renales y analizar los valores de urea, creatinina, sodio, potasio, colesterol, triglicéridos, calcio y fósforo. Tenemos que conocer cómo está el hígado, y ello nos lo dicen los valores de las transaminasas, las fosfatasas alcalinas, la bilirrubina, etc. Por supuesto, debemos controlar también los niveles de colesterol, el HDL y el LDL, los triglicéridos y la creatinina. En fin, no basta con un "me encuentro bien"».

El metabolismo

«**H**ay un dato muy interesante que con frecuencia se pasa por alto, en especial, cuando se hace dieta sin control médico: la velocidad de metabolización. Dicho de forma coloquial, lo lento o lo rápido que digerimos y quemamos los alimentos. Y ello varía por muchas circunstancias, por ejemplo, una que puede parecer trivial a priori: la temperatura. El calor ralentiza el proceso metabólico y el frío lo acelera. Por supuesto, hay más condicionantes: la actividad hormonal, la edad del paciente, la alimentación, el tipo de vida, el ejercicio que hace, las horas que duerme, etc. Por eso, una buena dieta no le pide milagros al cuerpo. No le obliga a cambiar su naturaleza, sino que la induce a ajustarla».

La grasa

«**D**ebemos distinguir entre eliminar líquidos y quitarnos de encima las grasas que nos sobran. Ambos aspectos nos hacen perder peso; ahora bien, hay que ser conscientes de un dato: cuando se efectúa un tratamiento de adelgazamiento, se pierde muy poca grasa durante las dos primeras semanas. Lo que hacemos es eliminar líquidos, y, dado que no todos los que acumulamos son positivos ni tampoco necesarios, constituye una forma de limpiarnos, pero lo que realmente sobra es la grasa. Ella es la responsable de que el paciente pierda la paciencia en una dieta.

»Ahora bien, no se trata de emprender una batalla contra las grasas sin más, ya que nuestro organismo las necesita. La grasa o el tejido adiposo es esencial para la vida: por una parte, protege y amortigua los órganos internos y las estructuras corporales; y, por otra, tiene funciones metabólicas. Poseemos dos tipos de tejidos adiposos: el marrón, cuya misión es producir la energía y el calor para llevar a cabo los procesos normales del cuerpo, y el blanco, que se ocupa de acumular las reservas de grasas. Si engordamos es porque existe un desequilibrio entre ellos».

Cambiar
el chip

«**P**ara hacer bien una dieta debemos cambiar de hábitos, y ello no pasa solamente por el estómago. Todo régimen implica un cambio en el cuerpo, pero también debe haberlo en nuestras costumbres y forma de pensar.

»No existe una dieta para adelgazar desde el sofá. El sedentarismo, unido a una sobrealimentación rica en grasas, son los responsables del aumento de los niveles de sobrepeso y obesidad. Hay que moverse y, por mucho que nos empeñemos, no se queman las mismas calorías al pensar que al hacer un poco de ejercicio. No es necesario correr maratones, sino que algo tan simple como caminar con un paso enérgico y abandonar las actividades sedentarias puede ser de gran ayuda. Movernos es la clave.

»En segundo lugar, no debemos pasar por alto la hidratación. Los líquidos son lo primero que perdemos al hacer dieta y también son lo primero que recuperamos, ya que nuestro cuerpo necesita estar hidratado. Sin embargo, beber agua, como apostillan muchas dietas, no lo es todo. El agua no adelgaza, en todo caso hidrata, mengua la sensación de apetito y, por supuesto, nos limpia. La ingesta de agua ayuda a depurar el organismo y, cuando hacemos dieta, nos sirve para evitar que se produzcan problemas de estreñimiento.

»En tercer lugar, debemos acostumbrar al cerebro a otro ritmo, y pasar de las tres o incluso dos comidas al día de algunas personas a cinco. De esta forma se controlan mejor las fases del hambre, ya que cuanto más tiempo haya entre una comida y otra, más tendencia habrá a consumir mayor cantidad y, por tanto, a engordar, si lo que se ingiere no es lo adecuado.

»Nuestro cerebro funciona automáticamente y vela para que el organismo disponga de energía. No entiende de índices de masa corporal, pero lo que sí comprende es la carencia. Lo que llamamos *apetito* no es más que química pura. Cuando el estómago lleva un largo periodo sin trabajar se contrae; el cerebro recibe el mensaje y pone en marcha automáticamente el proceso de hambre. Necesitamos comer y si no lo hacemos, pasado un rato observamos que la sensación de tener el estómago vacío comienza a desaparecer. ¿Acaso el cerebro se ha olvidado? No, se trata simplemente de que, al no haberle hecho caso y no haber comido, él ha puesto en marcha el "plan B": obtener energía a partir de la utilización de las reservas de glucosa.

»El proceso anterior, y aun más en la vida actual, puede tener lugar con frecuencia. En algún momento, todos hemos dejado de comer a la hora habitual por un imponderable. Pero cuando ello se convierte en una rutina, se vuelve algo peligroso, ya que se desajusta el metabolismo y se altera el organismo. Esto sucede con algunas dietas que, erróneamente y sin control, aconsejan el uso de los denominados *anorexígenos*. Este tipo de fármacos influyen directamente sobre el cerebro y activan los receptores de saciedad, los mismos que se ponen en marcha cuando comemos y que nos indican que debemos parar. Lo malo es que si emitimos esa señal de forma artificial, sin haber comido, puede producirse la aparición de efectos secundarios, como el aumento de la tensión arterial y la frecuencia cardiaca, y pueden llegar a aparecer desde náuseas hasta problemas para conciliar el sueño.

Lo importante, al hacer dieta, es que los baremos de apetito y saciedad estén equilibrados. Una forma de lograrlo es incrementar el número de veces que comemos; además, es muy importante que el cerebro «se sienta» satisfecho. No reparamos en ello, pero un plato aromático, bien presentado, que nos estimule a comerlo es un regalo para la química cerebral. No todo pasa por la deglución. El color de los alimentos, la forma sugestiva con que se presentan, así como el volumen de lo que hay en el plato, interactúan emocionalmente con nosotros y mitigan o incrementan la ansiedad que puede suponer hacer dieta».

¿Hasta cuándo?

«**E**n última instancia, es el médico quien debe decidir cuánto ha de durar una dieta. Tras la dieta, ¿llegará un día en que podremos comer de todo? Sí, salvo que padezcamos ciertos problemas que nos obliguen a llevar un régimen concreto. Pero, por lo general, un día volveremos a la normalidad; eso sí, con control, pues deberemos saber qué comemos, de dónde viene, a qué procesos se ha sometido, cuántas calorías nos aporta y qué cantidad de grasa contiene. Hemos de conocer qué necesitamos de verdad.

»No es cierto que nunca más podamos volver a ingerir grasas. Necesitamos tanto la grasa animal como la vegetal. Podemos comer de ambos tipos, siempre que tengamos un control efectivo sobre ellas, y en especial de la primera, ya que las grasas de los animales le dan más trabajo al organismo, aunque en su justa medida no sean nocivas. Lo malo es que las grasas se oxidan y generan desechos que acaban por depositarse en las paredes de las arterias y crean los clásicos conflictos del colesterol. Por eso debemos tenerlas bajo control.

Una vez que hayamos perdido el peso que objetivamente nos sobra, y no el que marcan las tendencias o las apetencias, debemos trabajar para no recuperarlo de golpe a través del famoso efecto yoyó. ¿Cuál es la fórmula adecuada? Hemos de acostumbrar al organismo a vivir con las calorías que requiere realmente en función de la actividad que desarrollamos. Por el contrario, si le damos más de la cuenta, tenderá a almacenarlas. Al fin y al cabo, siempre hay una constante biológica y genética: estamos programados para sobrevivir según la carestía y no para administrar la opulencia».

Capítulo 5

Lo que saben de nosotros

Hacerse una analítica antes de comenzar una dieta no es ninguna tontería. Los análisis aportan información sobre su estado general y sirven como valor de referencia al médico que efectuará el seguimiento.

A título informativo, le detallamos algunos de los aspectos más importantes, e incluimos también los valores referenciales considerados normales que suelen aparecer en las analíticas. Recuerde que son simplemente orientativos y que sólo un médico puede interpretarlos con visión crítica.

Ácido úrico

Valores normales: hombres, 4-8,5 mg/dl;
mujeres, 2,5-7,5 mg/dl.

El ácido úrico es el desecho del proceso metabólico. Se trata de un compuesto orgánico formado por carbono, oxígeno, hidrógeno y nitrógeno.

La mayoría de dicho sobrante se expulsa por el riñón a través de la orina. Cuando los niveles en la sangre son elevados y el análisis busca conocerlos, puede producirse la enfermedad metabólica que se conoce como *gota,* que constituye una acumulación de ácido úrico en las articulaciones, los riñones y los tejidos blandos. El exceso de ácido úrico puede suponer también la aparición de piedras en el riñón (cálculos renales).

Albúmina
en sangre

Valores normales: 3,4-5,4 g/dl.

Se trata de una proteína, la que presenta una mayor concentración en la sangre. El hígado se ocupa de sintetizarla. Su misión es transportar moléculas, mantener la presión sanguínea y regular que los líquidos del torrente sanguíneo no pasen a los tejidos.

Los valores de dicha sustancia sirven para estudiar la posible presencia de alteraciones en el riñón, ya que si este no funciona bien perderá albúmina por la orina y su presencia será escasa en la sangre. La analítica también permite evaluar problemas derivados de la nutrición: cuando hay desnutrición, en especial tras unas dietas muy duras, las cantidades de albúmina en la sangre son bajas.

Glucosa
en sangre

Valores normales: 70-105 mg/dl.

También denominada *glucemia,* se trata de la cantidad de azúcar que se halla presente en la sangre. Su regulación depende de una hormona llamada *insulina*, que se produce en el páncreas y se ocupa de aprovechar metabólicamente los nutrientes de lo que ingerimos y facilitar su transformación en energía.

Este tipo de análisis tiene como objetivo verificar que la presencia de azúcar es equilibrada, ya que si no, el órgano que se ve más afectado es el cerebro. El exceso o la carencia de la citada sustancia en la sangre puede provocar desde situaciones de confusión mental hasta inconsciencia o coma.

El exceso de azúcar en sangre puede suponer la aparición de diabetes, alteración de la tiroides o del páncreas. Si sus niveles son muy bajos, puede inducir dolencias hepáticas.

Urea
en sangre

Valores normales: 7 y 20 mg/dl.

La urea es, por decirlo gráficamente, lo que sobra del proceso metabólico de las proteínas. No todo el contenido de las proteínas resulta útil al organismo: de ellas se extraen aminoácidos que se emplean como energía para fabricar células y tejidos, pero lo que sobra es nitrógeno, que se libera transformado y unido a unas pequeñas moléculas que son las que conforman la urea. Este sobrante se encuentra mayormente en las heces y la orina en una proporción de alrededor de 20 g por cada litro.

La analítica sirve para determinar si el proceso se lleva a cabo correctamente en el hígado y si el riñón funciona en óptimas condiciones, ya que, en caso contrario, la urea no se elimina, se acumula en la sangre y sus valores son altos.

Una urea elevada puede indicar que se sigue una dieta con exceso de proteínas, que se corren riesgos de fallo cardiaco, que tal vez se padecen hemorragias gastrointestinales, etc. Si sus valores son reducidos, nos estaría diciendo que la dieta es pobre en proteínas o que puede haber una malnutrición, e incluso que el hígado padece alguna alteración.

Creatinina

Valores normales: hombres, 0,7-1,3 mg/dl;
mujeres, 0,5-12, mg/dl.

Es un compuesto orgánico creado a partir de la creatina, un ácido que sirve como nutriente a los músculos y que se sintetiza de forma natural en el hígado, el páncreas y los riñones.
Para la medicina, es uno de los grandes «chivatos» de los riñones, ya que al ser un desecho del proceso metabólico de los músculos debe eliminarse del organismo por los riñones. Cuando estos no hacen bien su función, la creatina, cuyos niveles son bastante estables, eleva su presencia en la sangre. En dicho caso podría estarnos anunciando cálculos renales, deshidratación y proble- mas cardiacos. Si los niveles son bajos, podría indicarnos distrofia muscular.

Bilirrubina

Valores normales: directa, de 0,1 a 0,3 mg/100 ml;
indirecta, menor de 1,0 mg/ml.

Surge del proceso metabólico de la hemoglobina, la proteína de la sangre que le da su color característico y que se ocupa de transportar el oxígeno desde los pulmones hasta los tejidos. Cuando la hemoglobina se metaboliza, genera dos moléculas: una se transformará en biliverdina y otra en bilirrubina «indirecta», que sólo cambiará su nombre por el de «directa» tras pasar por el hígado; este, después de mezclarla con ácido, la envía a través de las vías biliares al intestino, donde al interactuar con la flora bacteriana adopta el color marrón de las heces.

Si los valores de bilirrubina en las analíticas no son correctos, se entiende que si se trata de la indirecta, el problema puede proceder del hígado; mientras que si es la directa, su origen se encuentra en las vías biliares. Además, si los niveles de bilirrubina indirecta son elevados puede estar evidenciando una anemia. Si esto mismo ocurre con la directa, el problema puede ser de hepatitis o cirrosis.

Gamma GT

Valores normales: hombres, 8-38 u/l;
mujeres, 5-27 u/l.

Su verdadero nombre es *gamma glutamil transpeptidasa*. Se trata de una enzima (una sustancia proteica que controla y acelera las reacciones químicas) de origen hepático, que se ocupa de transferir aminoácidos a las membranas de las células. El estudio clínico de sus valores sirve para analizar el correcto funcionamiento del hígado.

Es la enzima «detectora de alcohol» por excelencia, y si sus valores son elevados, pueden indicar, entre otras enfermedades, alcoholismo, cirrosis o hepatitis.

Transaminasa GOT

Valores normales: 5-32 mU/ml.

Se trata de una enzima presente de forma mayoritaria en el corazón, aunque también se encuentra en el hígado y los músculos. Su análisis, que se suele llevar a cabo con otras pruebas complementarias, sirve como parámetro indicador de plausibles alteraciones cardiacas y hepáticas.

En niveles elevados puede indicar problemas cardiacos, riesgo de infarto de miocardio (para evaluarlo en su totalidad han de realizarse otras pruebas complementarias), enfermedades musculares o hepatitis.

Cuando los niveles están por debajo de lo normal, puede anunciar enfermedades renales.

Transaminasa GPT

Valores normales: hombres, 8-50 mU/ml;
mujeres, 7-33 mU/ml.

Como la anterior, se trata de una enzima, pero se halla mayoritariamente en el hígado y, en menor medida, en los riñones y el corazón.

En el caso de que exista una lesión de estos órganos, la enzima se libera en la sangre y altera los valores medios de la analítica. Por ello, en valores altos puede indicar cirrosis, alcoholismo, pancreatitis y riesgo de infarto.

Los niveles de colesterol

Valores normales: óptimos, menos de 200 mg/dl;
límites, 200-239 mg/dl;
altos, 240 mg/dl o más.

El colesterol es una sustancia de grasa generada por el hígado que se halla distribuida por todo el cuerpo.

Sirve para generar tanto hormonas como los ácidos que se ocupan de ayudar en la digestión de la grasa. Sin embargo, la cantidad de colesterol que se precisa para realizar estas operaciones es mínima. El resto sobra.

Para entender bien el proceso del colesterol, debemos hablar de lipoproteínas, que son complejos de moléculas que viajan por la sangre y en cuyo núcleo hay colesterol y triglicéridos.

El malo «LDL»: son las siglas que definen las lipoproteínas de baja densidad, que se asocian al colesterol conocido popularmente como malo, porque es el que obstruye las arterias y puede provocar enfermedades cardiacas. Viajan desde el hígado al resto del cuerpo.

Los valores de referencia del LDL son:

óptimo, 100 mg/dl;
próximo, 100-129 mg/dl;
elevado, 130-159 mg/dl;
alto, 160-189 mg/dl;
muy alto, 190 mg/dl y superiores.

El bueno «HDL»: son las lipoproteínas de alta densidad (HDL), que se encargan de transportar el colesterol conocido como bueno, porque «acaba» con el anterior, al que conduce desde los tejidos al hígado, donde es eliminado.

Los valores de referencia son:

bajo, hasta 40 mg/dl;
medio, 40-59 mg/dl;
alto, 60 mg/dl o más.

Triglicéridos

Valores de referencia: normal, menos de 150 mg/dl;
límite, 150-199 mg/dl;
alto, 200-499 mg/dl;
muy alto, 500 mg/dl o más.

Forman parte de la grasa del cuerpo humano y sirven para producir energía. Se adquieren a través de la dieta y se mantienen en la sangre hasta que se depositan en su ubicación definitiva.

Si los valores de la analítica son elevados, anuncian un riesgo de enfermedades vasculares, como infarto o angina de pecho, pero también cerebrales, además de obesidad, cirrosis, diabetes mal controlada, una dieta pobre en proteínas y alta en hidratos de carbono. Cuando los valores están por debajo de lo recomendable, pueden reflejar desde desnutrición hasta una dieta pobre en grasas.

PARTE 2
Las dietas

Ha llegado el momento de la verdad. ¿Qué dieta hemos de escoger? ¿Cuál es la más adecuada? Le proponemos una selección que hemos organizado por categorías: desde las más famosas o que tienen un nombre propio, hasta las más sencillas, clásicas o incluso extrañas y hasta extravagantes.

Eso sí, no le queremos engañar: estamos en contra de vender milagros. Por eso, todas las dietas que le presentamos contienen también sus aspectos menos gratos, esos que muchas veces se pasan por alto a la ligera y que toda persona que quiera hacer dieta debe conocer: las contraindicaciones.

¿Quién puede hacer estas dietas?

Hacer dieta es algo muy serio. De nada sirve decir «me encuentro bien» o «tengo una buena salud» sin tener los datos en la mano, y para eso están las analíticas y los consejos médicos. Pero hay otro valor esencial: el sentido común. Sólo quien va a hacer dieta se conoce de verdad y sabe cuáles son sus limitaciones de tiempo y de ganas, y sus objetivos, además de entender con qué problemas o presiones, y también ayudas, cuenta en su entorno. Y eso precisamente es lo que debemos valorar.

Por otra parte, entendemos que las dietas que ofrecemos son «para todo el mundo que está sano», pero sano de verdad. Están enfocadas para todo tipo de personas, hagan un trabajo físico o intelectual, aunque existen contraindicaciones. Por eso, en lugar de indicar quién puede hacer la dieta, hemos preferido hablar de peligros o de quién no puede o no debe hacerla. El resto puede interpretarlo usted mismo.

Entender las fichas

Cada una de las dietas está organizada con una serie de apartados que le serán de gran ayuda para valorar de forma rápida qué tipo de sistema le conviene más.

1. Nombre de la dieta

Siempre encontrará como título de la dieta el nombre más popular o aceptado de la misma, ya que algunas tienen variantes, como, por ejemplo, la «dieta de la Luna», también denominada «dieta lunar», «de Selene» o «de las mareas».

2. Origen y autor

En este apartado hallará información relativa al «inventor» de la dieta y su lugar de procedencia. Siempre hay alguien que la crea: un centro médico, un nutricionista, un investigador, etc. Por eso, en dicho epígrafe le ofrecemos algunos datos sobre el origen de la dieta y alguna que otra curiosidad.

Sin embargo, algunas dietas carecen de un autor identificable. En dicho caso hallará el término «desconocido», aunque le expondremos información alusiva a algunos aspectos interesantes de la historia de este método dietético.

3. Pérdida de peso

Comprenderá que es imposible determinar con exactitud cuánto peso va a perder con una dieta. Las cantidades son orientativas y están basadas en cálculos de personas que padecen sobrepeso, pero no obesidad, sea esta moderada, mórbida o maligna. En estos últimos casos padecen una enfermedad y, antes de decantarse por un libro como este, deberían seguir un tratamiento médico.

Además, hay otro baremo trascendente: ¿qué hace en su día a día? La pérdida de peso dependerá de su actividad y de cuántas calorías queme al día. En dicho sentido le sugerimos que lea detenidamente las tablas que hallará al final del libro.

En resumen, las cantidades de la pérdida de peso son aproximadas, no determinantes, de la misma forma que los tiempos que hemos incluido.

4. Durante cuánto tiempo

En este apartado no hay ni dudas ni términos medios, ya que le indicamos durante cuánto tiempo puede llevar a cabo la dieta. Ni más, ni menos. En cuanto a la pregunta «¿Puedo repetirla?», quien sin duda debe responderla no es este libro, sino su médico, tras informarle sobre qué dieta ha llevado a cabo y verificar en qué estado se encuentra.

Sería un error, imperdonable por nuestra parte, si le dijéramos que una dieta «puede repetirse dos o tres veces al año». No dudamos de su inteligencia, ni de su coherencia, pero sí de las presiones del entorno, las modas y los diablillos internos que a todos nos azuzan. Antes de repetirla, visite a su médico.

5. Efecto yoyó

Esta palabra cada vez está más de moda dentro del mundo de las dietas. Alude a qué pasa si, tras terminar la dieta, deja de cuidarse y vuelve a su vida anterior, aquella que, en definitiva, contribuyó a que fuese ganando peso.

Desgraciadamente, la dietas, sean o no milagrosas, no son capaces de corregir los malos hábitos de alimentación y, a veces, lamentablemente, incrementan un problema. Hacer dieta unos días y después devorar todo lo que se ponga por delante, sin hacer ejercicio alguno, tendrá sus efectos.

Algunas dietas son más agresivas con el organismo que otras; en especial, las llamadas *dietas milagro,* que generan un adelgazamiento superior y más veloz que las paulatinas e incluso incluyen planes de mantenimiento. Al dejar de hacerlas, recuperamos peso. Por ello y en función del tipo de dieta, hemos establecido tres categorías de efectos yoyó: lento, moderado y rápido. El tercer caso es el peor, ya que, con seguridad, a la recuperación del peso se añadirá, además de las estrías, la grasa.

Ante una dieta, en especial cuando es muy rápida y severa, el organismo (programado para mantener una reserva de grasas) siempre actúa de la misma forma. Primero recurre al glucógeno que está almacenado en el hígado, una reserva energética formada por cadenas de glucosa solubles en agua. El cuerpo obtiene del glucógeno glucosa, que es un hidrato de carbono esencial para el buen funcionamiento del sistema nervioso y de las células sanguíneas; sin embargo, al mismo tiempo, dicha operación genera la eliminación de líquidos.

Llega un momento en que, al hacer dieta, las reservas de glucógeno disminuyen tanto que el organismo debe buscar sus fuentes de energía en otro lugar y las encuentra en las proteínas de los músculos. Si le obligamos a extraer más de la cuenta, surge el cansancio y, en poco tiempo, la debilidad y la inapetencia. Después aparecen el malhumor y las emociones adversas, pero seguimos haciendo dieta, a veces de forma exagerada, de manera que forzamos la extracción de energía del músculo, generamos una nueva eliminación de líquidos y perdemos agua: lo malo es que con ella también se van los minerales y aparece la flacidez.

Sólo a partir de entre el día 12 y 15 —según cada persona— de haber iniciado una dieta, aún más si es hipocalórica, el cuerpo busca en la gran reserva: las grasas. Por eso, al abandonar una dieta y seguir un mantenimiento adecuado, no ya en la alimentación sino también en nuestro estilo de vida, volvemos a recuperar, con más o menos rapidez, peso en forma de líquido, ya que, al comer «con normalidad», el organismo se centra en volver a hidratar los tejidos e incluso en acumular grasas, por si acaso.

6. Control médico

Sobran las palabras. Es evidente que siempre deberíamos contar con el asesoramiento médico, pero para algunas dietas, y más dadas las contraindicaciones, resulta esencial.

Por eso hemos establecido tres categorías: rutinario, necesario e imprescindible.

7. En qué consiste

En dicho apartado le informamos brevemente de cuál es la base de la dieta, qué combinaciones establece o qué filosofía persigue.

8. Contraindicaciones y detractores

Todas las dietas tienen efectos secundarios, y en dicho bloque hallará los principales problemas que la dieta puede producir en su salud o en sus dolencias, en caso de que las padezca. Le detallamos los riesgos o le informamos sobre algunos aspectos, a veces poco gratos, que conviene que conozca sobre ella.

9. Ventajas

Siempre las hay, aunque no nos centramos en las terapéuticas o emocionales, ya que esto les corresponde a los profesionales de la medicina y la psicología a los que usted debería acudir. Las ventajas aluden a cuestiones cotidianas sobre la facilidad, comodidad o sentido práctico de una dieta.

10. Qué comer

En este apartado describimos los alimentos o grupos de alimentos que se permiten o no en la dieta. Aunque hallará ejemplos, en ocasiones hemos preferido incluir el nombre del grupo al que pertenecen para no atosigarle con un exceso de datos. Encontrará las referencias con todo lujo de detalles en los anexos finales del libro, donde sí se detallan los grupos de alimentos, sus nombres y sus principales propiedades.

11. Cómo se hace

Bajo dicho epígrafe le detallamos los pasos que debe seguir para la consecución de la dieta elegida.

12. Menú tipo

Todos los que aparecen en las dietas son orientativos y sirven como ejemplo. De esta forma, tras seguir los parámetros descritos en el apartado «Qué comerá» y consultar las tablas anexas, podrá preparar su menú personalizado a partir de aquello que más le gusta de todo lo que puede comer, de qué sabe preparar mejor o de qué le resulta más práctico comer en el trabajo, etc.

Dieta de la alcachofa

Depuración exprés

Origen y autor

Desconocido. Es probable que la dieta proceda de California, ya que allí se cultiva casi el 100% de la producción de alcachofas de Estados Unidos, donde es casi una plaga. El boca a boca y la publicación reiterada en varias revistas americanas de salud la han convertido en una «dieta milagro».

Pérdida de peso

Hasta 3 kilos.

Durante cuánto tiempo

Tres días.

Efecto yoyó

Rápido.

Control médico

Indispensable.

En qué consiste

Combina el efecto diurético con la acción de la fibra de la alcachofa, que favorece el vaciado intestinal, para lograr la eliminación de toxinas y, en teoría, de grasa.

Contraindicaciones y detractores

- Aporta unas 700 calorías diarias, un valor que la OMS considera como «peligrosamente mínimo» y que puede acarrear alteraciones gastrointestinales, malestar general, ansiedad, irritabilidad, etc.
- Es un régimen muy monótono y, por lo tanto, bastante difícil de seguir.

Ventajas

- El alimento base, la alcachofa, tiene una baja cantidad de sodio, lo que también la hace apta para aquellas personas que tienen la tensión alta.
- Ayuda a combatir la celulitis por su alto contenido en potasio (diurético).
- Limpia el organismo por la acción de la cinarina, una sustancia de la alcachofa que depura la sangre, favorece el metabolismo hepático y activa la producción de bilis.

Qué comer

Fruta en el desayuno y alcachofas combinadas con otros alimentos (fundamentalmente, arroz, pasta, carnes y verduras) en la comida y la cena. Los lácteos y el pan están permitidos pero en ningún caso en exceso.

Cómo se hace

Deben realizarse cuatro comidas diarias y, además, tomar dos cápsulas de alcachofa (que pueden adquirirse en tiendas de dietética) antes de la merienda.

Menú tipo

Desayuno
Zumo de naranja natural, café descafeinado o té, dos rebanadas de pan integral untadas con un quesito dietético o con una loncha de jamón de York.

Comida
Arroz integral (50 g) con tres alcachofas asadas y una manzana.

Merienda
Un vaso de leche descremada y dos cápsulas de alcachofa.

Cena
Dos alcachofas a la plancha. Además, 50 g de queso fresco y una rebanada de pan integral, o bien un bistec (150 g) o una pechuga de pollo a la plancha.

Alcachofa para sus ojos

Puede utilizarla como relajante ocular natural. Haga una decocción hirviendo durante 10 minutos un par de cucharadas de hojas secas de alcachofa en medio litro de agua. Déjela enfriar, cuélela y aplíquesela con una compresa.

Dieta ALCO

························▶ Lento, pero seguro

Origen y autor

Argentina. ALCO responde a las siglas de Asociación de Lucha Contra la Obesidad. Es una institución sin fines de lucro que reúne grupos de autoayuda para adelgazar. Comenzó a funcionar en Argentina en 1966 y luego se expandió hasta contar con 700 grupos en varios países de América, España e Israel. Su director, el Dr. Alberto Cormillot, trabaja desde hace cuatro décadas en temas de obesidad.

Pérdida de peso

Medio kilo por semana.

Durante cuánto tiempo

Hasta alcanzar el peso ideal.

Efecto yoyó

Lento.

Control médico

Rutinario.

En qué consiste

Debe cambiar los hábitos alimenticios y realizar seis comidas diarias para evitar llegar con hambre a ellas. Ha de estimular el metabolismo, calmar la ansiedad, disminuir el tamaño de las porciones, así como regular la insulina (la hormona relacionada con el metabolismo de las grasas y los azúcares).

Contraindicaciones y detractores

- La pérdida de peso es lenta, y los resultados no se ven rápidamente.

Ventajas

- Es un plan dietético que puede seguirse durante toda la vida.
- Es apto para toda clase de personas porque propone una alimentación completamente equilibrada con objeto de llegar a un peso saludable.

Qué comer

Se puede comer de todo, siempre que se controle el tamaño de las porciones.

Cómo se hace

No se puede pasar más de tres horas ni menos de una hora y media entre una comida y la siguiente. En la comida y en la cena se debe agregar una cucharada sopera de salvado y una cucharadita de levadura para conseguir un efecto saciante.

Menú tipo

Desayuno
Una infusión con media taza de leche desnatada y tres tostadas con queso dietético y avellanas picadas.

Media mañana
Una infusión y una pieza de fruta con queso dietético o un yogur desnatado con copos de cereal.

Comida
Sopa de hortalizas con una cucharada sopera de avena y una cucharadita de levadura saborizada, ensalada de verduras crudas o cocidas o 150 g de pescado o carne a la plancha, además de una macedonia de frutas.

Merienda
Té con leche desnatada y una tostada de pan integral con una cucharada sopera de queso fresco y una rodaja de tomate.

Media tarde
Un yogur desnatado con una nuez o dos almendras picadas.

Cena
Caldo de verduras con una cucharada sopera de salvado de avena y una cucharadita de germen de trigo, una porción de legumbres y ensalada de hortalizas, además de una pieza de fruta a elección.

Dieta Allen

▸ Permite meriendas de tenedor

Origen y autor

Estados Unidos. David Allen es un nutricionista con más de 30 años de experiencia y dirige el David Allen Nutrition Center en Woodland Hills, California. Una de sus clientas más famosas es Janet Jackson.

Pérdida de peso

Hasta 2 kilos en una semana.

Durante cuánto tiempo

Hasta un mes.

Efecto yoyó

Rápido.

Control médico

Necesario.

En qué consiste

En comer alimentos naturales no procesados, incluir muchas proteínas provenientes de alimentos no grasos y vegetales altos en fibra, y evitar ciertos carbohidratos como las harinas y los azúcares refinados.

Contraindicaciones y detractores

- Es una dieta muy estricta y deficiente en nutrientes.
- Es necesario tener una gran disciplina para seguirla.

Ventajas

- El descenso de peso es rápido.

Qué comer

La dieta incluye carnes magras, huevos (sólo la clara), lácteos desnatados y vegetales de todo tipo. Prescinde del pan, las pastas, el azúcar, la fructosa y las grasas.

Cómo se hace

Debe tomar el desayuno antes de que pase una hora desde que se levanta, evitar cualquier tipo de alimento procesado, comer entre 4 y 6 veces al día (siempre porciones pequeñas), dormir como mínimo siete horas y beber mucha agua. Además, se recomienda hacer ejercicio físico.

Menú tipo

Desayuno
Infusión, 200 ml de leche y 70 g de avena.

Media mañana
4 claras de huevo con queso desnatado.

Comida
Una pechuga de pollo con ensalada verde de cultivo biológico.

Merienda
100 g de camarones a la parrilla con verduras o legumbres.

Cena
Pescado a la plancha (150 g) y 15 espárragos.

Dieta antidieta

▸ El arte de las combinaciones

Origen y autor

Harvey y Marilyn Diamond (Estados Unidos). Este matrimonio de médicos publicó en la década de 1990 *La antidieta*, un libro en el que se detallan las bases de esta dieta. Aunque al comienzo no fue un éxito, la obra acabó convirtiéndose en un *best seller*, vendió más de 11 millones de ejemplares en todo el mundo y se tradujo a 32 idiomas.

Pérdida de peso

2 kilos por semana.

Durante cuánto tiempo

Hasta un mes.

Efecto yoyó

Lento.

Control médico

Rutinario.

En qué consiste

Se basa en la idea de que los alimentos no contribuyen al aumento de peso por sí mismos, sino cuando se consumen en determinadas combinaciones. Por lo tanto, no hay que limitar la ingestión de alimentos energéticos, sino impedir su aprovechamiento como fuente de energía por medio de la disociación.

Contraindicaciones y detractores

- Requiere cambios drásticos en la dieta y en los horarios, por lo que no resulta fácil de seguir.
- Ciertas restricciones en los alimentos provocan que la dieta tenga deficiencias nutricionales.
- No hay ninguna evidencia científica de que la combinación de alimentos disociada haga bajar de peso.

Ventajas

- Esta dieta no se basa en contar calorías. Se puede comer tanto como se quiera de los alimentos permitidos, siempre que se respeten rigurosamente las combinaciones y los horarios establecidos.
- Se trata de una dieta baja en colesterol y rica en vitaminas, minerales y fibra.

Qué comer

Sobre todo frutas y vegetales, ya que permiten eliminar toxinas debido a su alto contenido en agua y, por lo tanto, ayudan a perder peso.

Las frutas deben comerse 3 horas antes o después de las demás comidas.

Harinas, sólo las integrales. Grasas, con moderación. Los lácteos (incluso desnatados) están limitados y se sustituyen por otros alimentos que contengan calcio, como las verduras de hojas verdes, las nueces y las semillas. Además, no puede consumir productos con conservantes, elementos químicos, azúcares ni glutamato, pues introducen toxinas en su cuerpo. Tampoco puede beber agua durante las comidas, pues diluye los jugos gástricos del estómago e impide una correcta digestión.

Cómo se hace

Debe evitar las siguientes combinaciones de alimentos que expresamos a modo de ejemplo:

- Almidones con almidones: cereal con plátano, patatas con arroz, garbanzos con pan.
- Proteínas con proteínas: leche con huevo, lentejas con carne.
- Proteínas con almidones: pollo con patatas, pescado con arroz, queso con pan, etc.
- Almidones con ácidos: plátano con cítricos, patatas con limón, galletas con naranja.
- Grasas con azúcares: almendras con miel, mantequilla con miel, coco con uvas.

Además, debe respetar el reloj biológico del cuerpo. Hay tres fases para garantizar el buen funcionamiento de la digestión:

- **de 13 a 19 h:** ingestión y digestión de los alimentos;
- **de 19 a 5 h:** asimilación, absorción y uso de los alimentos;
- **de 5 a 13 h:** eliminación de los restos de los alimentos para la limpieza interna del organismo.

Menú tipo

Desayuno
Macedonia de frutas frescas o zumo recién exprimido.

Comida
Sopa de legumbres con verduras cocidas, aguacate y salvado de trigo; o ensalada con queso fresco.

Cena
Filete de carne o pescado, o bien arroz, pasta o patatas.

Dieta del astronauta

> La dieta más triste

Origen y autor

Estados Unidos, de autor desconocido. Se inspira en las dietas que se prescriben a los pilotos y los astronautas estadounidenses para bajar de peso rápidamente. Se hizo popular a principios de la década de 1980.

Pérdida de peso

Hasta 3 kilos en 3 días.

Durante cuánto tiempo

No debe seguirse durante más de tres días.

Efecto yoyó

Rápido.

Control médico

Indispensable.

En qué consiste

Debe restringirse al máximo la ingesta de calorías y aumentar las cantidades de líquidos que se toman diariamente, para favorecer la eliminación de agua y así bajar peso.

Contraindicaciones y detractores

- Las 400 o 500 calorías que se toman diariamente son insuficientes, lo cual puede provocar trastornos gastrointestinales, mareos, intolerancia al frío, insomnio, ansiedad, irritabilidad y depresión.
- El aporte de vitaminas y minerales es inferior a la cantidad diaria recomendada (CDR), y debe recurrirse a suplementos vitamínicos recetados por un médico.

Ventajas

- Se pierden kilos muy rápidamente.

Qué comer

Alimentos que, al cabo del día, no superen las 400 o 500 calorías: huevos, carne magra, leche desnatada, lechuga. Es indispensable beber más de dos litros de agua diarios.

Cómo se hace

A rajatabla y sólo con tres comidas diarias.

Menú tipo

Desayuno
250 ml de leche desnatada.

Comida
Un huevo duro, escalfado o revuelto. Ensalada verde variada.

Cena
Un bistec (150 g) a la plancha, con ensalada verde al gusto.

Dieta de la avena

▶ Buscando la saciedad

Origen y autor

España. El Dr. Miquel Pros, fundador de la Asociación Española de Médicos Naturistas, es autor del libro *Cómo cura la avena*, en el que afirma que este cereal ayuda a mantener el peso ideal, evita el insomnio y el estrés, y provee de más energía a quien lo consume.

Pérdida de peso

Entre 2 y 3 kilos en 5 días.

Durante cuánto tiempo

Cinco días.

Efecto yoyó

Moderado.

Control médico

Necesario.

En qué consiste

La fibra que contiene la avena actúa como regulador metabólico, da sensación de saciedad y, por lo tanto, hace disminuir el apetito. Aporta energía durante largo tiempo y es diurética. Es un alimento energético (389 calorías por 100 g) que, además de fibra y glúcidos, contiene hierro, sodio y calcio.

Contraindicaciones y detractores

- Es una dieta desequilibrada que no aporta todos los nutrientes que necesita el organismo.
- No está indicada para quienes tienen intolerancia al gluten o padecen hipertiroidismo.
- Puede generar una ligera sensación de cansancio.
- Si los copos de avena no son de buena calidad o tienen la piel muy gruesa pueden provocar diarreas.

Ventajas

- La composición química de la avena ayuda a regular el nivel de colesterol y los ácidos biliares.
- Su elevado contenido en fibra combate el estreñimiento.
- La avena reduce los niveles de azúcar en sangre, por lo que diabéticos no insulínicos pueden seguirla (previa consulta médica).

Qué comer

Copos de avena, fruta, verdura, queso fresco y frutos secos en pequeñas dosis. Se puede tomar café, leche descremada, té, infusiones, caldo de verduras y agua. Los demás alimentos no están incluidos en la dieta.

Para preparar la crema de avena, debe hervir, en 400 ml de agua, tres cucharadas soperas bien colmadas de copos de avena biológicos, junto con unos 100 g de verduras a elección, por ejemplo: repollo, espinacas, brócoli, cebollas, espárragos, lechuga, tomates, zanahorias, calabacín, guisantes, etc. Las verduras deberán cortarse muy menudas y se ha de aderezar todo con una cucharada de aceite de oliva, sal y pimienta. Pasados 8 minutos, triture y vuelva a hervirlo todo durante 2 minutos más.

Cómo se hace

Sólo puede seguirse durante cinco días. Si necesita perder más peso, debe consultarlo con el médico. Se recomienda realizar ejercicio suave.

Menú tipo

Desayuno
Una infusión y tres cucharas de copos de avena con un yogur desnatado.

Media mañana
Una naranja.

Comida
Caldo de verduras y ensalada verde, crema de avena, 50 g de queso dietético y 6 fresones.

Merienda
Un yogur o una fruta a elección.

Cena
Ensalada de lechuga, tomate y zanahoria rallada, crema de avena, espárragos a la plancha y una fruta.

Dieta Berverly Hills

Origen y autor

Estados Unidos. Fue publicada por primera vez en 1981 por la gurú de la nutrición Judy Mazel. En 2002 lanzó una versión «perfeccionada», que se publicitó como el régimen alimenticio que ayudó a perder peso a actores y actrices como Jack Nicholson, Liza Minnelli y Jodie Foster.

Pérdida de peso

Entre 4 y 7 kilos.

Durante cuánto tiempo

Seis semanas.

Efecto yoyó

Moderado.

Control médico

Imprescindible.

En qué consiste

Hay que alimentarse mediante la técnica de la «combinación consciente», que establece como principio básico no mezclar grasas, carbohidratos y proteínas, pues ello provoca desorden en la digestión y, como consecuencia, sobrepeso, tensión nerviosa, falta de energía, etc.

Además, plantea un alto consumo de frutas, porque las enzimas que contienen son capaces de quemar las calorías antes de que se transformen en depósitos de grasa.

Contraindicaciones y detractores

- La Asociación Médica Americana calificó esta dieta como «la peor opción entre las dietas rápidas».
- No existen evidencias científicas de que el cuerpo, al procesar los alimentos, realice combinaciones de la manera que postula la autora.
- Es baja en proteínas, y puede producir el desgaste de músculos y tejidos orgánicos vitales.
- Puede ocasionar diarrea y otros trastornos gastrointestinales, como flatulencia.
- Es una dieta realmente deficiente en minerales y en determinadas vitaminas.

Ventajas

- Rápida pérdida de peso.
- Posibilidad de consumir alimentos dulces que ayudan a no abandonar la dieta.

Qué comer

Sólo frutas durante los primeros 10 días, en porciones generosas (hasta saciarse). El undécimo día se añaden otros alimentos, como pan, mantequilla o maíz, y se comen sobre todo uvas. A partir del decimonoveno día se incorporan las proteínas completas con carnes rojas.

Cómo se hace

En tres etapas, en las que se añaden sucesivamente nuevos grupos de alimentos.

Menú tipo

1.ª etapa
Desayuno, comida, merienda y cena
Frutas en la cantidad que quiera, a elegir entre: piña, plátano, pera, melón, mango, sandía y otras frutas tropicales. Ocasionalmente se pueden tomar 20 g de frutos secos.

2.ª etapa
Desayuno y merienda
Uvas.

Comida
Sopa de verduras con una tostada. Uvas.

Cena
Arroz cocido al vapor con 5 g de mantequilla o 2 patatas asadas. Uvas.

3.ª etapa
Desayuno y merienda
Melón o sandía.

Comida
Verduras cocidas con 5 ml de aceite (una cucharada).

Cena
Un bistec magro o una pechuga de pollo con ensalada verde. Fresas u otra fruta.

Dieta del biorritmo

> Comer siguiendo los ciclos

Origen y autor

Desconocido. El primer investigador que hizo referencia a los biorritmos fue el médico alemán Wilhelm Fliess, quien, a finales del siglo XIX, esbozó la teoría de que los biorritmos eran ciclos de energía que afectaban a las personas, según su fecha de nacimiento, de una manera repetida y constante.

Pérdida de peso

Hasta 3 kilos.

Durante cuánto tiempo

11 días y medio.

Efecto yoyó

Moderado.

Control médico

Rutinario.

En qué consiste

Debe determinarse, según la teoría de los biorritmos, los periodos de «alta» y «baja física» y realizar la dieta durante los primeros, cuando el organismo es más eficiente y está mejor preparado para realizar un régimen alimenticio y bajar de peso. Cada periodo dura 11 días y medio y un ciclo completo, 23 días.

Contraindicaciones y detractores

- La teoría de los biorritmos no está reconocida por la comunidad científica.
- El descenso de peso parece ser causa de la restricción calórica y no de la influencia de los biorritmos.
- Es una dieta hipocalórica y puede tener déficit de vitaminas y minerales.

Ventajas

- Es una dieta relativamente corta y el descenso de peso es bastante rápido.

Qué comer

En esta dieta se debe seguir un régimen estricto que incluye todos los grupos alimenticios.

Cómo se hace

El biorritmo se determina a partir de la fecha de nacimiento. La dieta comienza el primer día del periodo de «alta física» y acaba 11 días y medio después, cuando comienza el periodo de «baja física». No debe seguirse con la dieta más allá del tiempo indicado.

Menú tipo

Desayuno
Zumo de limón o pomelo, café o té, una tostada con queso dietético.

Media mañana
Una fruta.

Comida
Zumo de pomelo, merluza a la plancha y ensalada de hojas verdes con una cucharada de aceite de oliva, sal y zumo de limón. Macedonia de frutas del tiempo.

Merienda
Una infusión y un yogur desnatado.

Cena
Dos tazas de caldo de verduras y revuelto de verduras a elección (con un huevo entero más dos claras), macedonia de frutas.

Entender los biorritmos

Cada persona está influenciada por tres niveles de ritmo biológico desde el momento en que nace:

— **nivel físico:** su duración es de 23 días. Se relaciona con el cuerpo, la fuerza, la capacidad de resistencia, las enfermedades, el peso y todo aquello que esté vinculado directamente con el organismo;
— **nivel emocional:** su duración es de 28 días. Está asociado a las emociones, tanto las que se expresan como las que no se quieren reconocer. Influye sobre la forma en que interactuamos con los demás, ya sea en la vida laboral, familiar, afectiva, etc.;
— **nivel mental:** su duración es de 33 días. Tiene relación directa con la forma en que trabajamos nuestras ideas, proyectos y pensamientos. Marca los momentos óptimos, o no, para estudiar, planificar y emprender nuevos objetivos.

Dieta del bocadillo

▸ Pan con algo más

Origen y autor

España. Diversos médicos y nutricionistas incorporan el pan a las dietas de adelgazamiento. Aunque este alimento tiene mala fama y suele relacionarse con la obesidad, puede acompañar un régimen para bajar de peso.

El Dr. Félix Gómez-Guillamón Arrabal, médico especialista en Medicina Interna y experto en Nutrición del USP Hospital de Marbella, asegura en su libro *Adelgace comiendo pan* que este alimento rico en glucosa es fundamental para nuestra dieta.

Según el origen de las harinas, el pan contiene muchos hidratos de carbono complejos, proteínas, vitaminas y sustancias minerales. Es un alimento energético y carece de grasas.

Pérdida de peso

Entre 2 y 4 kilos por mes.

Durante cuánto tiempo

Un mes.

Efecto yoyó

Lento.

Control médico

Rutinario.

En qué consiste

Esta dieta parte de la idea de que no es el pan lo que engorda, sino aquello que lo acompaña. A raíz de esta máxima, se eliminan las grasas de la dieta, de manera que el organismo utiliza sus reservas y adelgaza.

Contraindicaciones y detractores

- La pérdida de peso es lenta, lo cual no ayuda a continuar con la dieta durante mucho tiempo.

Ventajas

- Es útil y fácil de seguir para aquellas personas que suelen comer fuera de casa.

Qué comer

Los alimentos estrella, además del pan, son frutas, verduras, legumbres, pasta, arroz, carnes magras (pollo, ternera y conejo), pescado blanco y leche desnatada.

Cómo se hace

Los bocadillos sustituyen una comida diaria, generalmente la del mediodía. La cantidad de pan normalmente está limitada a dos rebanas de molde, preferiblemente integral o de cereales, pero puede sustituirse por un trozo de una barra de pan con el mismo peso.

El bocadillo debe hacerse con alimentos ligeros y variados que incluyan vegetales.

Menú tipo

Desayuno
Café o té con leche desnatada, dos tostadas con queso dietético y una fruta.

Media mañana
Yogur desnatado.

Comida
Un bocadillo de carne asada fría, con una crema hecha con dos cucharadas de requesón o queso bajo en grasas, cebolleta y perejil picados. Un zumo de naranja recién exprimido.

Merienda
Palitos de apio o zanahoria o una fruta.

Cena
Una ración moderada de arroz o pasta integral acompañada de legumbres, y una fruta.

Dieta budista

> La austeridad del monje

Origen y autor

Desconocido. Se inspira y toma su nombre de la alimentación de los monjes budistas.

También exige una fuerza de voluntad y concentración propias del budismo.

Pérdida de peso

4 kilos en siete días.

Durante cuánto tiempo

Una semana.

Efecto yoyó

Rápido.

Control médico

Necesario.

En qué consiste

Deben reducirse drásticamente las calorías ingeridas a lo largo del día, además de suprimirse cualquier tipo de alimento proteico.

Contraindicaciones y detractores

- Es muy monótona y dura.
- Es un régimen desequilibrado que carece de ninguna base científica.
- Puede producir trastornos digestivos, pues hay una carestía de nutrientes que impide al cuerpo regularse y funcionar correctamente. Sobre todo, tiene déficit de vitaminas B_{12}, C, A y D, de hierro y de calcio.
- No deben hacerla personas con problemas de sodio y la tensión baja.

Ventajas

- Rápido descenso de peso.
- Es apta para personas con índices elevados de colesterol.

Qué comer

Arroz, frutas y verduras, exclusivamente.

Cómo se hace

El único secreto es encontrar maneras creativas de preparar el arroz, que puede condimentarse con hierbas, especias o salsa de soja, para evitar la monotonía. Una opción es hacer el arroz con gomasio (una preparación de granos de sésamo tostados y triturados y de sal marina fina).

Menú tipo

Desayuno
Macedonia de frutas.

Comida
Arroz con una salsa hecha con tomate natural, cebolla y pimientos. Una fruta.

Merienda
Palitos de apio o de zanahoria.

Cena
Arroz con brócoli. Una fruta.

Algunas ideas

Puede romper la monotonía de esta dieta con un poco de creatividad, por ejemplo:

— cestitos de tomate rellenos de arroz con laminado de lechuga;
— *carpaccio* de verdura a la plancha sobre lecho de arroz salvaje;
— albóndigas de arroz mezclado con zanahoria picada y gratinado con apio rallado;
— pimiento o calabacín asado relleno de arroz;
— el arroz se deja acompañar muy bien por *curry*, comino, orégano, azafrán, jengibre o una mezcla de tres pimientas;
— el arroz caldoso con ajo es un primer plato exquisito;
— el arroz con canela es un postre o un desayuno buenísimo;
— no se olvide de la opción de hacer las frutas al horno.

Dieta de los cereales

Reencuentro con las papillas

Origen y autor

Alemania. Jürgen Weihofen, médico y naturópata alemán famoso por haber investigado también las propiedades terapéuticas del té rojo y por ser el primer médico europeo en defender sus bondades. Es autor de varios libros, como *El suero de leche*, *La dieta de cereales para siete días* y *Pu-erh, el té rojo de China*.

Pérdida de peso

Entre 2 y 3 kilos.

Durante cuánto tiempo

Una semana.

Efecto yoyó

Moderado.

Control médico

Necesario.

En qué consiste

Debe alimentarse a base de cereales, unos hidratos de carbono que tienen un contenido bajo en grasas, alto en proteínas y una gran digestibilidad. Es un método para depurar el organismo al tiempo que se baja de peso.

Contraindicaciones y detractores

- Es una dieta desequilibrada que no aporta todos los nutrientes que necesita el organismo.
- No es apta para celiacos (que padecen un desorden gastrointestinal por el que no son capaces de digerir la proteína del gluten que se encuentra en el trigo) ni para quienes sufren hipertiroidismo.

Ventajas

- Su bajo contenido en grasas puede favorecer la reducción del colesterol y la disminución del riesgo de arteriosclerosis.

Qué comer

Además de 12 vasos de agua, tomará cereales sin refinar (trigo, avena, cebada, mijo, arroz integral, sémola, etc.), leche desnatada, frutas y verduras.

Cómo se hace

Debe beber dos vasos de agua al levantarse, a media mañana, antes de la comida, a media tarde, antes de cenar y dos más antes de irse a la cama. Puede combinar el agua con el té, las infusiones o el café solo descafeinado.

Cada día debe preparar una crema base a partir de diferentes cereales, más frutas, verduras o leche, que tomará durante el desayuno, la comida y la cena.

Menú tipo

Una crema preparada con 180 g de trigo molido y 3/4 de litro de leche desnatada. Hierva durante 25 minutos, a fuego muy lento y sin dejar de remover. Puede aderezarla con canela, cáscara de naranja o limón rallada, etc.

Desayuno
Un tercio de la crema preparada ese día, mezclada con un taza de leche desnatada, vainilla y sacarina. Una pieza de fruta.

Comida
Un tercio de la crema con una taza de caldo vegetal y verduras al vapor o a la parrilla. Una pieza de fruta.

Merienda
Palitos de apio o zanahorias.

Cena
Mezcle la papilla restante con un yogur desnatado, edulcorante líquido y canela o clavo en polvo.

Dieta del chocolate
Cuando lo prohibido es lo permitido

Origen y autor

Suecia. Allan Stralvofr, profesor de la Universidad de Umea (Suecia), realizó numerosas investigaciones químicas sobre las propiedades del chocolate y llegó a la conclusión de que la incorporación moderada de este producto en la dieta, especialmente en la primera parte del día, puede ayudar a perder peso.

Pérdida de peso

1 kilo por semana.

Durante cuánto tiempo

Dos semanas.

Efecto yoyó

Moderado.

Control médico

Rutinario.

En qué consiste

Debe combinarse el chocolate con otros alimentos ricos en fibra (frutas, verduras, cereales integrales y legumbres), que retrasan la absorción de grasas y azúcares. El resto de la dieta es hipocalórica (1200-1400 calorías diarias) para contrarrestar las calorías del chocolate, nada menos que unas 570 por cada 100 g, según el porcentaje de cacao.

Contraindicaciones y detractores

- Está excesivamente supeditada a las calorías que aporta el chocolate, las cuales podrían provenir de una mayor variedad de alimentos.
- Puede provocar estreñimiento.
- No se recomienda para diabéticos insulinodependientes.

Ventajas

- El chocolate favorece la producción de endorfinas, las cuales contribuyen a crear una sensación de bienestar, felicidad y buen humor.
- Si se consume con moderación, el chocolate ayuda a prevenir enfermedades cardiovasculares, diarrea y tos.
- Produce una sensación de saciedad que permite seguir la dieta con un menor esfuerzo.
- Posee proteínas, vitaminas A y B, calcio, fósforo, potasio, magnesio, cloro y azufre.

Qué comer

Además de chocolate, en esta dieta puede comer carne blanca, frutas, lácteos desnatados, legumbres, pescado y mariscos, verduras y hortalizas, pan, cereales, pasta y arroz integrales, un huevo por semana y bebidas como agua, infusiones y zumos de fruta naturales.

Cómo se hace

La clave del éxito es respetar la dosis diaria permitida de chocolate, que es de cinco onzas de la tableta. Debe tomarlas a cualquier hora antes del mediodía.

Menú tipo

Desayuno
Yogur desnatado con 30 g de cereales integrales, más la ración diaria de chocolate.

Media mañana
Té o infusión y una tostada con queso dietético.

Comida
Pechuga de pollo o pavo a la plancha (150 g), con verdura al vapor o a la parrilla. Fruta fresca.

Merienda
Infusión y fruta o caldo vegetal.

Cena
Dorada o lubina a la sal (150 g), ensalada variada y una fruta.

Dieta de la Clínica Mayo

> Y... dos huevos duros

Origen y autor

Estados Unidos. A pesar de su nombre, la Clínica Mayo, situada en Rochester (Estados Unidos), no tiene absolutamente nada que ver con la dieta que aquí tratamos, cuyo desconocido autor se amparó en el renombre de este conocido centro hospitalario para divulgarla.

Pérdida de peso

7 kilos en 15 días.

Durante cuánto tiempo

Dos semanas al año.

Efecto yoyó

Rápido.

Control médico

Imprescindible.

En qué consiste

Para seguir esta dieta hay que ingerir las mínimas calorías posibles, entre 600 y 900, y dar un protagonismo especial a la ingestión de huevos.

Contraindicaciones y detractores

- Aporta muy pocas calorías. La OMS considera como «peligrosamente mínimas» 750-800 al día y el Ministerio de Sanidad español la cataloga de «dieta calórica desequilibrada».
- Al tener tan poco aporte calórico, la grasa se quema con excesiva velocidad, lo que puede generar acidosis metabólica (una alteración de los ácidos presentes en la sangre), con riesgo de que se altere el ritmo respiratorio y genere estados de confusión y dispersión.
- Puede alterar los cuerpos cetónicos (sustancias químicas producidas por el organismo cuando quema las grasas), cuyo rasgo más visible se aprecia en la modificación del olor de la orina y el aliento.
- Genera riesgo de osteoporosis e hipertensión, dado que excluye los productos lácteos y la leche, lo que favorece la deficiencia de calcio.
- La OMS indica que una persona sana no debería comer más de 10 huevos por semana.

Ventajas

- Es idónea si no le gusta cocinar y quiere perder peso muy rápidamente.

Qué comer

Alimentos permitidos: todos los proteicos, es decir, huevos en abundancia —ya que contienen pocas calorías y aportan una sensación de saciedad—, todo tipo de carnes, quesos y verduras de hoja.

Alimentos prohibidos: azúcares, pastas, harinas, legumbres, hortalizas (por ejemplo, zanahorias, habas, guisantes, remolachas, etc.), frutas como uva, chirimoyas, plátanos, higos, frutos secos y alimentos ricos en hidratos de carbono.

Cómo se hace

Durante la primera semana, las proteínas proceden casi exclusivamente de los huevos. En la siguiente se alternan con las de origen cárnico.

Menú tipo

Primera semana
Desayuno
Uno o dos huevos duros, un pomelo, té o café.

Media mañana y media tarde
Infusión o refresco, ambos descafeinados, edulcorados y sin gas.

Comida y cena
Dos huevos duros, acompañados de verdura de hoja o queso blanco dietético.

Segunda semana
Desayuno
Café o té, con una rebanada de pan integral o bien un tazón de zanahoria rallada aderezada con limón.

Comida y cena
Debe alternar dos huevos duros y una ensalada verde con carne o pescado a la parrilla, también acompañado de una ensalada aderezada con sal y limón.

¿Lo sabía?

Lo que sí se les debe a los investigadores de la Clínica Mayo de Nueva York es un extraño artilugio inventado en 2007 y bautizado como *mesa adelgazante*. Se trata de una estación de trabajo vertical, donde a la vez que se realizan las tareas de la oficina, se puede caminar sobre una cinta andadora. Se calcula que con este ingenio se pueden adelgazar hasta 30 kilos al año.

Con respecto a los huevos

Pueden ser perjudiciales para el hígado en dosis elevadas, dado que estimulan la vesícula biliar y ello puede generar cólicos.

Un huevo tiene alrededor de 215 mg de colesterol y una dieta sana, desde el prisma cardiovascular, no debe superar la ingestión de 300 mg diarios de colesterol.

Según la medicina ayurvédica, los huevos tienen propiedades antiinflamatorias, cicatrizantes y antimicrobianas.

Dieta de la col

> La variedad está en la col

Origen y autor

Desconocido. La col ha tenido un papel protagonista en la historia del hombre, ya que no sólo se ha utilizado como alimento, sino también como medicina.

Probablemente, la col salvaje fue difundida por Europa a través de los exploradores celtas, quienes la obtuvieron de sus contactos comerciales con griegos y romanos, que la utilizaban, además de por su exquisito sabor, para solventar problemas intestinales y ulceraciones, e incrementar la leche materna.

La col que consumimos actualmente procede de la citada col salvaje y es muy popular en Alemania, Francia, Bélgica, Holanda, Polonia y Rusia, países en los que forma parte de la dieta básica.

Pérdida de peso

5 kilos en dos semanas.

Durante cuánto tiempo

14 días.

Efecto yoyó

Medio.

Control médico

Necesario.

En qué consiste

Deben eliminarse toxinas para depurar el organismo y aportarle calcio, fibra y vitamina A.

Contraindicaciones y detractores

- La limitada variedad de alimentos hace que sea una dieta nutricionalmente pobre y poco saludable.
- Puede provocar dolor de cabeza, debilidad y mareos.
- La ingestión de una gran cantidad de col en un periodo de tiempo corto puede generar problemas digestivos.

Ventajas

- Importante pérdida de peso en poco tiempo.

Qué comer

Durante los dos primeros días, sólo col y frutas. A lo largo de los tres días siguientes incorporará arroz integral, verduras y pequeñas porciones de carne magra. Para darle diversidad, recurra a las cuatro variedades de col que hay en el mercado: la verde, la blanca, la lombarda y la china.

Cómo se hace

Debe seguir sin remisión el siguiente plan de comidas, que siempre incluirán la col:

Día 1: cualquier fruta, excepto los plátanos.
Día 2: vegetales, incluida la patata.
Día 3: frutas, vegetales y arroz, maíz o guisantes.

Días 4 y 5: frutas, vegetales y 150 g de carne de ternera, pollo o pescado.

Menú tipo

Desayuno
Café o té. Ensalada de lechuga y rábanos; col hervida o licuado de col cruda.

Comida
Licuado de col (200 ml), arroz integral al vapor condimentado con especias y una pieza de fruta.

Merienda
Licuado de col (200 ml).

Cena
Licuado de col (200 ml), 150 g de pechuga de pollo a la plancha y una ensalada con todas las variedades de col. Una pieza de fruta.

La col y sus trucos

Cómo elegirla
Debe escoger la col, la berza o el repollo duros, crujientes, con unas hojas internas y externas bien diferenciadas en color y tersura. Deben ser compactas y pesadas en relación con su tamaño.
Conservación
Las coles introducidas en una bolsa de plástico perforada pueden durar en perfecto estado hasta 15 días en el interior de la nevera.

(Continúa)

Los repollos rizados pueden conservarse durante varios días a temperatura ambiente y también pueden congelarse.

Gases
Su exceso se previene al masticar unos cuantos granos de comino después de comer col.

Olor
Para evitarlo al cocinar la col, introduzca en la olla un pedacito de pan mojado en leche.

Dieta de los colores

Colores para adelgazar

Origen y autor

Desconocido. Se basa en la cromoterapia, técnica que existe en diferentes culturas y que asegura que los colores influyen en el estado de salud físico y mental de los individuos. En Occidente, además, se considera que cada día está representado por un color distinto y regido por un planeta en particular.

Pérdida de peso

3 kilos en 7 días.

Durante cuánto tiempo

Una semana.

Efecto yoyó

Rápido.

Control médico

Rutinario.

En qué consiste

Debemos ingerir alimentos según su color y utilizar su energía, asociada al día de la semana y al planeta que corresponde, para comer de manera armónica y bajar de peso.

Contraindicaciones y detractores

- No existe ninguna evidencia científica que avale los preceptos de la cromoterapia.
- Una alimentación que no tiene en cuenta los aspectos nutritivos de los alimentos es desequilibrada y puede provocar estados de carencias de vitaminas y minerales.

Ventajas

- Se puede bajar de peso en poco tiempo.

Qué comer

Cada día está asignado a un planeta diferente y se relaciona con un color dominante el cual rige sobre toda la alimentación que le corresponde.

Lunes - Luna: blanco
Té blanco, lácteos, clara de huevo, pescado blanco, sepia, calamar, nabo, espárrago blanco, cebolla, endibia, puerro, palmito, coliflor, quesos tiernos, etc.

Martes - Marte: rojo
Tomate, pimiento rojo, rábano, remolacha, granada, sandía, manzana roja, cereza, arándano rojo, fresa, fresón, grosella rosa, carnes rojas, gambas, cigalas, etc.

Miércoles - Mercurio: verde
Todas las verduras de este color, como lechugas, calabacines, espárragos trigueros, pepinos, pimientos verdes, apio, perejil, coles, acelgas, brócoli, alcachofas, guisantes, manzanas verdes, limas, kiwi, uvas, peras, queso roquefort y cabrales, etc.

Jueves - Júpiter: violeta y morado
Mora, uva negra, grosella negra, berenjena, col lombarda, arándanos, cereza, ciruela, frambuesa, higo, pulpo, etc.

Viernes - Venus: azul celeste o gris
Champiñones y otros hongos, pescados azules, etc.

Sábado - Saturno: negro o marrón
Café, té, arroz, pan, cereales integrales, etc.

Domingo - Sol: amarillo y naranja
Piña, albaricoque, naranja, níspero, caqui, pimientos, ciruela, manzana, melón amarillo, calabaza, maíz, boniato, pollo, queso, etc.

Cómo se hace

Seguir al pie de la letra y no intercambiar los días.

Menú tipo

Miércoles (color verde)
Desayuno
Té verde y dos kiwis.

Comida
Alcachofas y espárragos a la parrilla, ensalada de pepinos, aderezada con un chorrito de aceite de oliva, y uva verde.

Merienda
Una manzana verde.

Cena
Ensalada de verduras, brócoli gratinado con roquefort y una pera.

Dieta cronodieta

········> La dieta del reloj

Origen y autor

Italia. El médico italiano Mauro Tobisco publicó en 1991 *El peso justo*, en el que explicaba los fundamentos de la cronodieta. Su teoría se basa en los principios de la cronobiología, la ciencia que estudia el modo en que la naturaleza organiza las funciones biológicas desde el punto de vista temporal, es decir, la ciencia que estudia nuestro «reloj biológico».

Pérdida de peso

De 2 a 4 kilos.

Durante cuánto tiempo

Un mes.

Efecto yoyó

Lento.

Control médico

Rutinario.

En qué consiste

Hemos de adaptar las ingestas diarias a la idea de que el horario de las comidas condiciona el peso, independientemente del número de calorías que se tomen. Se trata de alimentarse cuando el sistema hormonal requiere sus nutrientes y de considerar que los alimentos pueden engordar o no, pues según la hora en que se ingieran se metabolizan de forma distinta.

Contraindicaciones y detractores

- Para la Federación Española de Nutrición es una de las dietas sin fundamento, es decir, un método que se basa «en ideas sin apoyo científico y que, aunque carece de credibilidad, de lo que no carece es de originalidad».
- Es necesario reeducar al organismo en un cambio drástico de horarios.

Ventajas

- Distribuye el consumo de alimentos en cuatro o cinco comidas diarias.
- Es una dieta completa, ya que comprende todos los grupos alimentarios.

Qué comer

Cereales y sus derivados, legumbres, patatas, carne y pescado (hasta tres veces por semana). Verduras variadas, huevos, lácteos, frutas a excepción de plátanos, uvas, higos, castañas y frutos secos.

Cómo se hace

La cronodieta permite comer verduras a cualquier hora del día, pero tiene restricciones para el resto de los alimentos. Después de las cinco de la tarde están prohibidos las frutas y los hidratos de carbono, y sólo se permite comer proteínas y las consabidas verduras.

- Sólo se pueden consumir pan, pasta y alimentos ricos en carbohidratos durante la mañana.
- Las frutas con un alto contenido en azúcar sólo pueden tomarse hasta la hora de la comida.
- Entre los carbohidratos, lo mejor es elegir arroz y maíz.
- Para facilitar la digestión de los carbohidratos, no deben asociarse con alimentos proteicos, como el pescado, los huevos o la carne.
- En la cena, pueden comerse proteínas pero nada de carbohidratos.
- No debe beberse vino, cerveza o café asociados a carbohidratos.

Menú tipo

Desayuno
Cereales con yogur desnatado o dos tostadas con queso dietético y una infusión.

Media mañana
Una pieza de fruta.

Comida
Salmón a la plancha, 200 g de verduras cocidas y macedonia de frutas natural con una bola de helado.

Merienda
Un yogur desnatado.

Cena
Tortilla francesa (de dos huevos) con guisantes y 50 g de queso dietético, más una ensalada de atún con tomate y cebolla.

Dieta de la crono-nutrición

······▶ Desayuna como un rey, almuerza como un príncipe, merienda como un niño y cena como un mendigo

Origen y autor

Francia. Alain Delabos, médico de familia, geriatra y nutricionista, es profesor de la Universidad de Dijon y directivo del Departamento de Investigaciones Clínicas del IREN (Instituto de Investigación Europea sobre la Nutrición). El Dr. Alain Delabos es autor de diversas obras, entre la que destaca *Adelgazar a medida gracias a la crono-nutrición*, publicada en Editorial De Vecchi.

Pérdida de peso

Entre 3 y 5 kilos.

Durante cuánto tiempo

Sistema equilibrado de alimentación que puede ser indefinido.

Efecto yoyó

Lento.

Control médico

Rutinario.

En qué consiste

El Dr. Delabos realiza un análisis de las peculiaridades del paciente relativas a la altura, la actividad y la morfología. Si se parte de su morfotipo —sin olvidar las analíticas clínicas—, se puede averiguar, según su esquema físico, cuáles son sus excesos o carencias alimenticias.

Para el Dr. Delabos existen cinco morfotipos principales relacionados con otros tantos síndromes:
- Un exceso de legumbres genera grandes muslos y caderas.
- Excesivos azúcares provocan un aumento de nalgas y pectorales.
- Demasiada fécula aumenta el vientre.
- Mucha carne deriva en un aumento de pecho.
- Una gran cantidad de dulces combinados con harina, azúcar y grasa aumentan el tamaño de vientre y senos.

Este método invita a comer los alimentos en el momento en que son más útiles, evaluando la cantidad apropiada.

Contraindicaciones y detractores
- No es válido para aquellas personas que desean perder peso rápidamente, pues al principio los resultados no son espectaculares.

Ventajas
- Es una carrera de fondo en la que se aprende a comer con racionalidad.
- Es un régimen suficientemente equilibrado.
- Si se ajusta a las medidas de la dieta, podrá comer los alimentos que generalmente están restringidos en otros métodos.

Qué comer
Según los horarios biorrítmicos enzimáticos, por la mañana el organismo segrega enzimas devoradoras de lípidos; por tanto, es el momento de consumir grasas. Al mediodía el cuerpo utiliza protea-

sas, que interactúan con las proteínas y amilasas que trabajan con almidón y azúcar, por lo que es adecuada la ingesta de proteína animal, leguminosa y fécula. A media tarde se produce el denominado *bajón de insulina*, lo que nos lleva a necesitar azúcar. Al concluir el día el organismo ralentiza sus procesos; por ello, el consumo calórico debe reducirse.

Cómo se hace

Se debe seguir el ritmo natural del cuerpo.

Menú tipo

Desayuno
80 g de queso, 60 g de pan de centeno, espelta, integral o de cereales. Si nuestra mañana es muy larga, podemos añadir 10 g de mantequilla.

Comida
2/3 partes de un tazón de 25 cl (unas 4 cucharadas soperas bien llenas) de leguminosas y féculas, y 180 g de carne roja o 230 g de carne blanca y ave. Como máximo tres veces por semana se puede sustituir la carne por 200 g de embutidos magros o dos huevos.

Merienda
30 g de grasa vegetal, como chocolate negro, nueces, almendras, piñones, etc., más un tazón de fruta fresca o dos manzanas asadas.

Cena
260 g de pescado o 120 g de carne blanca y 2/3 partes de un tazón de hortalizas. De postre, un tazón de fruta fresca o un vaso de zumo.

Dieta del Dr. Atkins
> Comer muchas proteínas y quemar grasas

Origen y autor

Estados Unidos. A principios de la década de 1970, el cardiólogo estadounidense Robert Atkins sembró la polémica sobre los principios elementales de la historia de la nutrición con su primer libro, titulado *La revolución dietética del Dr. Atkins* (1972).

Desde entonces, su estilo alimenticio, caracterizado básicamente por ser restrictivo en hidratos, ha ganado adeptos alrededor de todo el mundo.

Pérdida de peso

Hasta 6 kilos en 1 mes.

Durante cuánto tiempo

La primera fase sólo puede realizarse durante 15 días y la segunda debe practicarse hasta lograr el peso ideal.

El resto de la dieta, la tercera fase, es básicamente de mantenimiento.

Efecto yoyó

Moderado.

Control médico

Necesario.

En qué consiste

Hay que aprovechar que el cuerpo obtiene su energía de los carbohidratos y las grasas. Al reducir los primeros, se le obliga a consumir los segundos y se elimina la grasa sobrante.

Contraindicaciones y detractores

- Al ser rica en grasas, eleva el riesgo de sufrir enfermedades coronarias, diabetes y derrames cerebrales.
- Cuando se prolonga más allá de un mes, genera cansancio y desgaste muscular, ya que el organismo obtiene energía de la grasa, pero también de los músculos.
- La dieta contiene pocas frutas y verduras, lo que puede provocar carencia de vitaminas y minerales.
- Al ser pobre en fibra, puede causar estreñimiento. Una forma de compensarlo es mediante la ingesta de al menos 1,5 litros de agua al día.
- En 2003, la dieta fue denunciada por el Comité de Médicos para el Ejercicio Responsable de la Medicina de Estados Unidos al considerarla poco segura. Basaron sus argumentos en la muerte de un adolescente de 16 años, que padeció desajustes de calcio y potasio.
- En 2004, a un estadounidense que seguía la dieta desde 2001 tuvo que practicársele una angioplastia (una dilatación quirúrgica de los vasos sanguíneos mediante un catéter para restablecer el flujo sanguíneo normal). No sólo denunció la dieta, sino que pidió compensaciones millonarias en concepto de daños y perjuicios.

Ventajas

- No hay que contar calorías. Puede comer los alimentos permitidos hasta saciarse, así que no pasará hambre.

Qué comer

Alimentos permitidos: carnes, huevos, mariscos (a excepción de ostras, almejas y mejillones), quesos, mantequilla, margarina, mayonesa, nata, aceites, embutidos y patés.

Alimentos restringidos: fruta, pastas, harinas, azúcares, legumbres, verduras, patata, leche, cafeína y alcohol. A partir de la segunda fase de la dieta se tolera el incremento de verduras bajas en hidratos de carbono, como berros, brócoli, pepino, etc., y también la fruta de más bajo contenido, como pera, melocotón, etc.

Alimentos prohibidos: azúcares y harinas refinadas.

Cómo se hace

Es recomendable efectuar entre cuatro y seis comidas al día. La dieta se realiza en tres fases, pero la esencial es la primera.

1. Fase estricta de 15 días: se puede comer lo que se quiera de los alimentos permitidos. Se restringe la ingesta de hidratos de carbono procedentes de la verdura a 20 g diarios. La lechuga sólo tiene 2,2 por cada 100 g. ¡Tendría que comer 1 kilo diario para pasarse!

2. Fase 2 - 16 días: comienza el decimosexto día de la dieta y la diferencia con la etapa anterior es que pueden incorporarse más alimentos prohibidos a razón de 5 g de hidratos de carbono la primera semana y otros 5 g, la segunda.

3. Fase 3 - indefinida: se supone que la persona ya ha llegado a su peso ideal y lo único que debe hacer es controlar el aumento de hidratos de carbono, que a estas alturas está en 40 g por día y puede llegar a 50 o 60 según sea su peso ideal. Es esencial que, antes de tomar la determinación de seguir adelante con la dieta, efectúe una consulta médica.

Menú tipo de la primera fase

Desayuno
Café descafeinado o té, tortilla francesa con embutido.

Media mañana y media tarde
Queso tipo *cheddar*, camembert o *edam* con jamón.

Comida
Consomé, entrecot de ternera con ensalada de lechuga o solomillo de cerdo al roquefort con verduras. Gelatina dietética de fresa.

Merienda
Lomo ibérico, té o café descafeinado.

Cena
Cóctel de langostinos y trucha al horno con guarnición de calabacín, queso gruyer e infusión.

Dieta del Dr. Gabe Mirkin

....➤ Hidratos a la carta

Origen y autor

Estados Unidos. Tras licenciarse en Medicina en Harvard, el bostoniano Gabe Mirkin se especializó en medicina deportiva, alergia e inmunología, pediatría y pediatría inmunológica. El libro que lanzó a la fama su método es *The 20/30 Fat and Fiber Diet Plan* (1995, «La dieta de grasa y fibra 20/30»), y su último volumen se titula *The healthy heart miracle* («El milagro del corazón saludable»).

Pérdida de peso

2 kilos en una semana.

Durante cuánto tiempo

Una semana.

Efecto yoyó

Rápido.

Control médico

Necesario.

En qué consiste

Debe limitarse el consumo de los alimentos ricos en proteínas (lácteos enteros, carnes, pescados, huevos y sus derivados) y/o grasas (aceites, mantequilla, margarina, etc.), y basar la alimentación en los hidratos de carbono, para depurar el organismo y conseguir bajar de peso.

Contraindicaciones y detractores

- Se trata de una dieta desequilibrada y acarrea el riesgo de sufrir carencia de ácidos grasos esenciales, vitaminas liposolubles y proteínas.
- El aporte excesivo de fibra disminuye la disponibilidad de absorción de sales minerales y, al mismo tiempo, puede provocar trastornos intestinales como diarreas, cólicos abdominales y flatulencia.

Ventajas

- Es una dieta apta para aquellos que tienen índices elevados de colesterol.

Qué comer

Las frutas, los vegetales y los granos constituyen la base de esta dieta.

Debe evitar prácticamente todos los alimentos altos en grasa (carnes, bollería, sobre todo la industrial, alimentos precocinados, todos los productos lácteos no desnatados, aguacate, aceites, margarina y mantequilla, mayonesa), lo que incluye cualquier alimento que tenga dos o más gramos de grasa por ración. Debe revisar las etiquetas antes de comprarlos.

Los alimentos bajos en grasa que no sean altos en fibra tienen que ingerirse en cantidades limitadas, como, por ejemplo, los productos elaborados a base de leche desnatada y determinados panes y dulces.

Cómo se hace

Se trata de cinco comidas diarias y no pueden sobrepasarse los 20 g de grasa al día.

Menú tipo

Desayuno
Un yogur desnatado con cereales y pasas.

Media mañana
Fruta.

Comida
Ensalada de tomate, cebolla, pimiento y atún natural (con agua), fruta y un yogur desnatado.

Merienda
Una infusión y una tostada de pan integral con queso dietético.

Cena
Arroz integral con legumbres variadas y fruta.

Dieta del Dr. Graschinsky

······················▶ Si bebes, no comes

Origen y autor

Argentina. El Dr. Carlos Graschinsky, médico endocrinólogo, ha publicado el libro *Antiobesidad*, en el que recomienda consumir abundantes verduras, frutas, fibras, pescados y carnes magras. Además elaborado lo que él mismo ha bautizado como la *dieta de las ansiosas*, centrada en aquellas personas que siguen el régimen de lunes a viernes, y se lo saltan durante el fin de semana.

Pérdida de peso

3 kilos en 7 días.

Durante cuánto tiempo

Una semana.

Efecto yoyó

Rápido.

Control médico

Rutinario.

En qué consiste

Deben tomarse grandes cantidades de líquido antes de las comidas para disminuir la sensación de hambre y comer menos. No se puede beber líquidos durante la comida y cuando aparece la sed, hay que dejar de comer.

Por otra parte, la dieta ofrece algunas pautas para seguir una alimentación variada e hipocalórica.

Contraindicaciones y detractores

- No hay evidencias científicas que avalen la teoría de que la aparición de la sed sea una señal de que ya se ha comido suficiente.

Ventajas

- No hay que contar las calorías.
- Es una dieta completa porque aporta alimentos de todos los grupos.

Qué comer

Verduras, legumbres, carnes de todo tipo, cereales, huevos, lácteos desnatados, etc.

Cómo se hace

- De lunes a viernes, las comidas son más estrictas, mientras que el fin de semana se puede comer lo que se desee en cantidades moderadas.
- Se realizan cuatro ingestas diarias (desayuno, comida, merienda y cena) y hay que intentar evitar el picoteo, pues las personas ansiosas tienden a generar mayores niveles de insulina y esto dificulta la pérdida de peso.
- Es obligatorio beber seis vasos de agua o de té frío fuera del horario de las comidas. Además, se debe beber antes y después de comer.

- Antes de acostarse, es recomendable comer una naranja o un pomelo. Si se tienen ataques de ansiedad, pueden superarse con apio, zanahorias o manzanas en cualquier momento del día. Se aconseja andar 40 minutos al día a un ritmo vivo.

Menú tipo

Desayuno
Café descafeinado, té u otra infusión con leche descremada y edulcorante, además de una tostada de pan integral con queso dietético.

Merienda
Yogur desnatado con frutas.

Comida y cena
Hay que elegir entre las siguientes alternativas intercambiables:

- caldo de verduras, un filete de pescado o de pollo, o carne roja con ensalada, y una naranja;
- caldo desgrasado, atún natural con ensalada verde, una manzana y una infusión;
- sopa de verduras, revuelto de un huevo con espinacas y cebolla y, de postre, una naranja.

Dieta del Dr. Haas

················▶ El plan para desintoxicarse

Origen y autor

Estados Unidos. El Dr. Elson Haas se dedica a la medicina integral y aborda las problemáticas de sus pacientes bajo las perspectivas biológicas, psicológicas y sociales. Sus libros y artículos están relacionados con la medicina preventiva, la nutrición y la importancia de desintoxicar el organismo. Es autor de *The False Fat Diet* («La dieta contra la gordura falsa»).

Pérdida de peso

Hasta 3 kilos en una semana.

Durante cuánto tiempo

Dos semanas.

Efecto yoyó

Rápido.

Control médico

Necesario.

En qué consiste

Debe limitarse al máximo la ingesta de proteínas y grasas y favorecerse el consumo de hidratos de carbono, de manera que cambiemos nuestra principal fuente de energía y logremos la disminución de peso.

Contraindicaciones y detractores

- Es una dieta desequilibrada, que puede acarrear carencias vitamínicas y de minerales.
- No es apta para celiacos, ni tampoco para hipotensos ni para quienes padecen hipocolesterolemia.

Ventajas

- No hay que contar las calorías.
- Se pierde peso rápidamente.
- Es apta para personas con índices altos de colesterol, ya que ayuda a equilibrarlo.

Qué comer

Aproximadamente el 80% de la dieta que propone el doctor Haas está compuesta por hidratos de carbono, y el resto son grasas y proteínas.

Alimentos permitidos: debe consumir una buena cantidad de frutas, fundamentalmente frescas, verduras, cereales integrales y legumbres.

Alimentos tolerados: con moderación, lácteos desnatados, carnes magras, carnes blancas, huevo (sólo la clara), arroz y pasta integral.

Alimentos prohibidos: lácteos grasos, carnes grasas, mantequillas, margarinas, aceites, harinas blancas, bebidas alcohólicas, refrescos e hidratos de carbono refinados, como el azúcar blanco, la fructosa o la miel, además de todos los productos de bollería industrial.

Cómo se hace

Durante los primeros tres o cuatro días de la dieta puede sentir debilidad, pero pasará en cuanto el cuerpo se acostumbre. El hambre se combate con agua y, si fuera necesario, con una pequeña porción (80 g) de proteína animal (pescado o pollo) o bien con legumbres durante la comida. Es importante que los alimentos sean de origen orgánico y deben evitarse los productos procesados industrialmente.

Menú tipo

Desayuno
En ayunas, dos vasos de agua mineral, uno con el zumo de medio limón. Luego, una fruta fresca (a temperatura ambiente), como un plátano, una manzana, una pera, etc. Media hora más tarde, una porción de grano entero cocido (como arroz).

Comida
Patatas con verduras hervidas como acelgas, brócoli, coliflor, zanahorias, espárragos, etc.

Merienda
Caldo vegetal.

Cena
Ensalada verde y verduras al horno, además de una infusión.

Dieta del Dr. Hay

▸ La vigencia de un clásico

Origen y autor

Estados Unidos. A principios del siglo XX, surgió una corriente de nutrición desarrollada por el Dr. William Howard Hay, el cual aseguraba que la salud se podía alcanzar y mantener si se lograba un perfecto equilibrio químico entre ácidos y bases alcalinas en el organismo. Ese fue el origen no sólo de su dieta, sino de muchas otras que se inspirarían en estos postulados.

Pérdida de peso

Hasta 6 kilos.

Durante cuánto tiempo

Un mes.

Efecto yoyó

Moderado.

Control médico

Rutinario.

En qué consiste

No hay que mezclar los alimentos ricos en proteínas con los hidratos de carbono. Los jugos digestivos que necesitan los primeros para ser digeridos interfieren con los que precisan los segundos. Las proteínas se digieren en un medio ácido y los hidratos de carbono en uno alcalino. En lugar de limitar la ingestión de alimentos energéticos, se evita comerlos juntos.

Contraindicaciones y detractores

- Según la Agencia Española de Seguridad Alimentaria y Nutrición (AESAN), esta dieta carece de fundamento científico y los resultados obtenidos obedecen a un menor consumo de energía.

Ventajas

- Puede comerse todo lo que se quiera de los alimentos permitidos, por lo que no se pasará hambre.

Qué comer

Siempre que respete la premisa de no mezclar carbohidratos con proteínas, puede comer a su gusto.

Cómo se hace

- Los alimentos ricos en hidratos de carbono no pueden ingerirse en la misma comida con alimentos ricos en proteínas ni con frutas ácidas.
- Conviene dejar un intervalo de al menos cuatro horas entre las comidas de grupos diferentes (hidratos de carbono y proteínas).
- Hortalizas, ensaladas y frutas deben constituir la mayor parte de la dieta (50-60%).
- Los alimentos ricos en proteínas y grasas tienen que ingerirse en cantidades moderadas.

Las dietas

- Evite alimentos procesados y refinados, las margarinas y los embutidos.

Menú tipo

Desayuno
Un café o un té, dos tostadas integrales o galletas de arroz, o bien un yogur desnatado.

Comida
Arroz o pasta con vegetales a la plancha o hervidos.

Merienda
Una fruta a elección.

Cena
Bistec con ensalada de vegetales y huevo duro.

Dieta del Dr. Murúa

...................................➤ Proteínas al gusto

Origen y autor

Argentina. El Dr. Carlos Murúa es autor de los libros *Obesidad, Por qué engordamos?, Cómo adelgazamos?, Anorexia y bulimia* y *Salud y nuevo cuerpo*, en los que desarrolla sus conocimientos sobre la alimentación.

Además, es miembro titular de la Asociación Médica Argentina, miembro fundador de la Sociedad Argentina de Obesidad (SAOTA) y miembro de la Asociación Internacional para el Estudio de la Obesidad (IASO).

Pérdida de peso

8 kilos en 60 días.

Durante cuánto tiempo

No más de dos meses, a menos que haya una supervisión médica adecuada; en este caso, es necesario incorporar suplementos vitamínicos, ya que los alimentos básicos que configuran esta dieta no aportan las vitaminas necesarias que requiere el organismo.

Efecto yoyó

Lento.

Control médico

Rutinario.

En qué consiste

Se basa en la ingesta de proteínas, sin eliminar otros tipos de alimentos. El alto porcentaje de proteínas hace que se secreten sustancias, a nivel gástrico, que inhiben la emisión de señales del apetito. Su metabolización produce un mayor gasto calórico, en comparación con los hidratos de carbono y las grasas. Por otra parte, el bajo porcentaje de hidratos de carbono induce un estado metabólico que acelera el descenso de peso.

Contraindicaciones y detractores

- Puede provocar una escasez de vitaminas, por lo que no se puede seguir durante mucho tiempo.

Ventajas

- Tendrá sensación de saciedad, porque las proteínas tardan mucho tiempo en digerirse.
- Pueden seguirla aquellas personas que tienen un índice de colesterol elevado.

Qué comer

Carnes, aves y pescados magros (atún natural, lenguado, rape, dorada, merluza), mariscos, lácteos desnatados, claras de huevo, verduras y frutas.

Cómo se hace

Debe seguirse la dieta hasta alcanzar el peso adecuado, y luego pueden agregarse otros alimentos poco a poco. Además, hay que seguir algunas pautas:

- los lácteos se tomarán siempre desnatados;
- el café, descafeinado;
- el caldo deberá ser dietético, es decir, sin grasa (una vez hecho, déjelo enfriar en la nevera unas horas y, después, con una cuchara, quite la grasa de la superficie y cuélelo);
- las carnes, los mariscos y el pescado deben prepararse a la plancha, al horno o hervidos;
- la gelatina, uno de los alimentos permitidos, debe adquirirse en comercios de productos dietéticos.

Menú tipo

Desayuno
Una taza de té o café con o sin leche desnatada, y un vaso de gelatina con 30 g de queso blanco.

Media mañana
Una taza de té o café con o sin leche desnatada, y una pieza de fruta, la que más le apetezca.

Merienda
Una infusión o un caldo de verduras y un vaso de gelatina dietética con 30 g de queso blanco.

Media tarde
Una clara de huevo cocinada al vapor junto con queso blanco, ajos tiernos y cebollino picado.

Comida y cena
Ensalada y bistec o una pechuga sin piel o pescado, con un tomate y una pieza de fruta.

Dieta del Dr. Russo

Reduzca peso y medidas

Origen y autor

Argentina. El Dr. Norberto Russo, especialista en trastornos de la alimentación y director del Centro de Nutrición y Vida Sana, es fundador de VENDOBE, una organización terapéutica de adicciones nutricionales.

Pérdida de peso

De 4 a 6 kilos en dos semanas.

Durante cuánto tiempo

Dos semanas.

Efecto yoyó

Moderado.

Control médico

Necesario.

En qué consiste

Deben combinarse una serie de alimentos que produzcan una óptima absorción de los nutrientes, sin que la ingesta genere residuos tóxicos en el organismo, los cuales podrían dar como resultado un exceso de peso.

Hay que elegir alimentos con un índice glucémico bajo (que marca cuánto sube el azúcar en la sangre después de comer cada alimento) para que el páncreas no segregue más insulina de la necesaria, pues de lo contrario acabaría favoreciendo la formación de grasa y el aumento de peso.

Contraindicaciones y detractores

- Es una dieta desequilibrada que no debe seguirse durante más de dos semanas.
- No hay ninguna evidencia científica de que una combinación especial de los alimentos ayude a bajar de peso.
- No es apta para diabéticos.

Ventajas

- No hay que contar las calorías.
- Se pierde peso rápidamente.
- Reduce el consumo de precocinados y promueve el de alimentos más sanos como frutas y vegetales.
- Produce una sensación de saciedad, por lo que no pasará hambre mientras la sigue.

Qué comer

Están incluidos la mayoría de los grupos alimenticios: vegetales, granos integrales, carnes magras, huevos, lácteos, frutas, etc.

Cómo se hace

Deben elegirse combinaciones de alimentos que se digieran fácilmente. Para ello hay que seguir las siguientes pautas de compatibilidades:

- no han de tomarse las proteínas con patatas, arroz, pasta o pan;
- las proteínas tampoco deberían comerse junto con los vegetales, aunque puede incorporarse una pequeña cantidad (una media hora antes), dado que ayudan a la absorción de las grasas;
- es preferible comer proteínas de un solo tipo cada vez, sin mezclarlas. Por ejemplo, no combine la carne con lácteos o huevos;
- solamente ha de tomar un tipo de vegetales cada vez (por ejemplo, sólo de hoja);
- antes de la comida y de la cena, debe tomarse: una hora antes, un vaso con el zumo de medio limón, y veinte minutos antes, una taza de caldo de verduras.

Menú tipo

Desayuno
Café o té con edulcorante y un yogur con una cucharada de germen de trigo.

Media mañana y media tarde
Limonada con edulcorante.

Comida
Ensalada verde, 200 g de pescado blanco a la plancha con limón y una fruta.

Merienda
Café o té con edulcorante y una tostada de pan con gluten y un poco de miel.

Cena
Verduras al vapor y arroz o pasta integral.

Dieta del Dr. Shelton

⋯⋯⋯⋯⋯⋯⋯⋯⋯➤ Un puzle en su menú

Origen y autor

Estados Unidos. En 1928, Herbert Shelton (1888-1987), doctor en Medicina y apasionado de las combinaciones de los alimentos, creó en San Antonio (Estados Unidos) su propia clínica de salud, donde proponía realizar una dieta vegetariana de por vida. Más tarde, para llegar a un mayor número de pacientes, la adaptó a los no vegetarianos y les enseñó a combinar los alimentos entre sí.

Ha sido muy criticado por los especialistas en nutrición, tanto por los de su época como por los actuales. Su teoría fue muy innovadora y sirvió de modelo para muchas de las dietas actuales.

Pérdida de peso

Hasta 3 kilos en 14 días.

Durante cuánto tiempo

Aunque el Dr. Shelton no estableció una duración determinada porque consideraba que esta dieta era un estilo de vida, no es recomendable seguirla durante más de dos semanas.

Efecto yoyó

Rápido.

Control médico

Imprescindible.

En qué consiste

Esta dieta se basa en no consumir juntos alimentos que necesiten secreciones digestivas diferentes. Se centra en una determinada combinación de alimentos, ya que, según su autor, hay algunas mezclas que provocan unas digestiones excelentes, buenas, regulares o malas, las cuales pueden hacernos bajar o subir de peso.

Contraindicaciones y detractores

- No hay evidencias científicas de que esta particular combinación de alimentos favorezca el descenso de peso.
- La repartición de los macronutrientes está desequilibrada, como consecuencia de la disociación en la ingestión de los alimentos.
- Es casi imposible de realizar, ya que la mayoría de los alimentos tienen dos o más componentes (proteínas y lípidos, proteínas y carbohidratos, etc.).
- No transmite una conciencia alimentaria.
- El descenso de peso se logra más por la gran cantidad de combinaciones prohibidas —que producen una disminución considerable de la ingesta— que por una mejora de la asimilación de los alimentos.

Ventajas

- Se pierde peso rápidamente.

Qué comer

Deberá clasificar los alimentos según su composición:

- de alto contenido proteico: carnes, pescado, legumbres, olivas, leche y cereales;

- de alto contenido en hidratos de carbono de digestión lenta: cereales, almidones, legumbres secas, patatas, frutas dulces, azúcar y miel;
- de alto contenido graso: aceites, mantequilla, margarina, nata, carnes grasas y embutidos;
- de alto contenido ácido: cítricos (limones, naranjas...), uva, ciruela y tomate;
- de bajo contenido en azúcares: verduras y legumbres preferiblemente frescas.

A partir de aquí, tiene que seguir las siguientes reglas:

- no puede combinar la leche con las frutas ácidas, los cereales, el pan, los almidones, las patatas y las proteínas;
- puede asociar las verduras con grasas y aceites, pero no con proteínas, fruta, ácidos o azúcar;
- los huevos, sólo con las verduras y las ensaladas crudas;
- los quesos, únicamente con las frutas ácidas, pero nunca con proteínas, verduras y almidones;
- las grasas y aceites pueden asociarse con almidones y verduras, pero nunca con proteínas;
- los cereales pueden combinarse a la perfección con las verduras y las ensaladas.

Cómo se hace

Para seguir esta dieta y alcanzar el objetivo, perder peso, hay que ser muy estricto con los horarios. Debe desayunar siempre fruta alrededor de las 8 de la mañana. Tiene que comer entre las 12 y la 1 del mediodía, momento en el que tomará pasta, arroz o legumbres. Por último, tiene que cenar entre las 7 y las 8 de la tarde, e incorporar proteínas.

Menú tipo

Desayuno
Sandía o melón.

Comida
Ensalada verde y sopa de calabaza con patatas.

Cena
Ensalada verde y tortilla francesa o bistec.

Dieta del Dr. Terry Shintani

▸ La pirámide alimenticia modificada

Origen y autor

Estados Unidos. El Dr. Terry Shintani, médico de la Universidad de Hawái, se especializó en Nutrición en la Universidad de Harvard. Escribió varios libros sobre cómo alimentarse bien, entre ellos, *The Good Carbohydrate Revolution* («La buena revolución del carbohidrato»).

Pérdida de peso

Hasta 13 kilos en tres semanas.

Durante cuánto tiempo

21 días, aunque es un cambio de hábitos para toda la vida.

Efecto yoyó

Lento.

Control médico

Necesario.

En qué consiste

Hay que prescindir de los tres primeros grupos de la conocida pirámide alimenticia —lácteos, carnes y aceite— y reemplazarlos por otros dos, los alimentos no lácteos con calcio y los alimentos sin colesterol con proteínas y hierro.

Contraindicaciones y detractores

- No hay ninguna evidencia científica de que un cambio en la pirámide alimenticia permita bajar o mantener el peso.
- Es una dieta estricta en cuanto a los alimentos que se pueden comer y puede ser difícil de seguir.
- Por sus restricciones de alimentos de origen animal, es una dieta prácticamente vegetariana. Y, por lo tanto, tiene deficiencias en hierro, vitamina B_{12} y calcio.

Ventajas

- No hay que contar las calorías ni tiene limitaciones en el tamaño de las porciones.
- Es apta para las personas que tienen índices altos de colesterol y triglicéridos.
- Promueve el consumo de frutas y verduras fundamentalmente frescas.

Qué comer

De manera diaria, granos enteros, vegetales, fruta, alimentos no lácteos con calcio, alimentos sin colesterol con proteínas/hierro. En algunas ocasiones especiales, lácteos desnatados, pescado, carne blanca y roja, aceite de oliva y azúcar moreno.

Cómo se hace

Debe elegir los alimentos según la estación del año y, preferiblemente, procedentes de un cultivo orgánico.

Hay que hacer ejercicio cuatro veces por semana en sesiones de 30 o 40 minutos.

Menú tipo

Desayuno
Plátano con avena y zumo de pomelo recién exprimido.

Comida
Caldo de verduras, ensalada verde con sal y limón, patatas, cebollas y pimientos al horno. De postre, una pieza de fruta al gusto.

Merienda
Macedonia de frutas.

Cena
Arroz integral con vegetales a elección, ensalada de maíz y tomate, y, de postre, fruta.

Dieta de los espárragos

▸ Adiós, toxinas

Origen y autor

Desconocido. El espárrago ha sido usado desde tiempos muy antiguos en la cocina, sobre todo por sus propiedades diuréticas y su delicado sabor. Hay incluso una receta para cocinar espárragos en el libro de recetas más antiguo que se conserva, el libro III de *De re coquinaria*, escrito por el gastrónomo romano Marco Gavio Apicio en el siglo I.

Pérdida de peso

Entre 2 y 3 kilos por semana.

Durante cuánto tiempo

Una semana.

Efecto yoyó

Medio.

Control médico

Rutinario.

En qué consiste

Deben utilizarse las propiedades diuréticas del espárrago para conseguir un descenso de peso.

Contraindicaciones y detractores

- Es una dieta que puede resultar aburrida, por lo que hay que tener una gran voluntad para seguirla.
- No deben seguirla las personas con problemas renales, ya que estos podrían agravarse.

Ventajas

- Es diurética y depurativa.
- No hay que contar las calorías.

Qué comer

Los espárragos se consumen en todas sus variantes, y se acompañan con otras verduras y porciones pequeñas de lácteos desnatados, pan, huevos y carnes magras.

Cómo se hace

Debe beber dos litros de agua por día para potenciar el efecto diurético de los espárragos.

Menú tipo

Desayuno
Café o té con edulcorante y leche desnatada, una rebanada de pan integral y 50 g de queso dietético.

Comida
Espárragos hervidos (500 g), dos patatas y 150 g de pechuga de pollo a la plancha, aliñada con una crema elaborada con tres cucharadas de yogur, perejil y cebollino.

Merienda
Una taza de caldo de espárragos, a la que se le habrá incorporado una clara de huevo batida y una rebanada de pan integral.

Cena
Una ensalada de espárragos con 50 g de atún natural y dos alcachofas o tomates al horno rellenos con 80 g de carne magra picada rehogada con pimiento y cebolla.

Dieta de los frutos secos
Los beneficios de las grasas buenas

Origen y autor

Estados Unidos. Esta dieta surgió a partir de diversos estudios, realizados por prestigiosas universidades norteamericanas, como la de Harvard, que indicaban que el consumo de grasas vegetales provenientes del aguacate, el aceite de oliva y los frutos secos puede ayudar a perder peso.

Los frutos secos reciben dicha denominación porque en su composición natural tienen menos de un 50% de agua; son muy energéticos, ricos en grasas, proteínas y oligoelementos. Según el tipo de fruto, también puede aportar buenas cantidades de vitaminas (sobre todo del grupo B) o ácidos grasos omega-3 (poliinsaturados).

Pérdida de peso

2 kilos en cuatro días.

Durante cuánto tiempo

4 días.

Efecto yoyó

Rápido.

Control médico

Rutinario.

En qué consiste

Hay que conseguir que el 35 % de las calorías diarias (1400 en esta dieta) provenga de grasas saludables, ya que así se triplican las probabilidades de controlar el peso. La razón es que, mientras que los llamados *ácidos grasos poliinsaturados* tienden a acumularse en el organismo, las «grasas saludables» (o ácidos grasos monoinsaturados) se metabolizan, es decir, se emplean como fuente de energía y, por lo tanto, se eliminan.

Contraindicaciones y detractores

- Esta dieta no es adecuada para embarazadas, diabéticos o aquellos que sufran alguna enfermedad cardiaca.
- Sólo es apta si no es alérgico a los frutos secos y le gustan.
- No puede seguirse durante más de cuatro días, pues no es una dieta variada y completa.

Ventajas

- El consumo de frutos secos tiene beneficios tanto a nivel cardiaco como en la prevención del envejecimiento.
- La inclusión de frutos secos en la dieta parece ayudar a disminuir los niveles del llamado *colesterol malo*.
- Genera una sensación de saciedad, porque los ácidos grasos de los frutos secos y el aguacate también contienen fibras y proteínas.

Qué comer

Los alimentos estrella son el aguacate, las nueces, las avellanas y las almendras, así como el aceite de oliva que acompaña verduras, carne, cereales y lácteos. Las grasas vegetales no deben sobrepasar el 40 % del total de calorías diarias.

Cómo se hace

Los frutos secos deben consumirse sobre todo entre el desayuno y la merienda.

Las proteínas se ingieren fundamentalmente por la noche, y pueden agregarse carbohidratos en el almuerzo.

La infusión puede cambiarse por un batido de leche desnatada con un puñado de semillas de girasol o de lino, que también tienen un alto poder nutricional y son beneficiosas para el metabolismo.

El aceite de oliva puede reemplazarse como aliño por el puré de aguacate, preparado con una pizca de sal y limón.

Menú tipo

Desayuno
Una infusión sin azúcar con 100 ml de leche desnatada, una tostada de pan de centeno o integral con queso dietético, un pomelo y 10 almendras.

Almuerzo
Una ensalada verde aliñada con sal y limón, macarrones con tomate natural y una cucharada (15 ml) de aceite de oliva. Una ciruela grande y dos nueces.

Merienda
Un yogur desnatado con diez avellanas.

Cena
Un bistec o pechuga de pollo a la plancha, o bien arroz con brócoli o verdura de hoja verde al ajo, con una cucharada de aceite de oliva. Una pieza de fruta a su elección.

Dieta Gayelord

······▶ Encuentro hipocalórico

Origen y autor

Estados Unidos. Aunque nació en Alemania, el nutricionista Gayelord Hauser (que no tenía el título de doctor en Medicina) pasó su vida adulta en Estados Unidos, donde desarrolló sus teorías sobre la alimentación a mediados del siglo XX. Publicó varios libros, como *Nueva guía para adelgazar inteligentemente* (1956) y *Mi método dietético* (1979), del que se han publicado varias ediciones.

Pérdida de peso

Hasta 3 kilos a la semana.

Durante cuánto tiempo

Una semana.

Efecto yoyó

Moderado.

Control médico

Rutinario.

En qué consiste

Hay que reducir el consumo de grasas y aumentar el de proteínas en un menú hipocalórico de 1200 calorías.

Contraindicaciones y detractores

- Tiene un aporte limitado de calorías y nutrientes.

Ventajas

- Se puede perder mucho peso en pocos días.

Qué comer

Carne, pescado, marisco, huevos, verduras, zumo de fruta y productos integrales. El azúcar y las harinas blancas están prohibidos.

Cómo se hace

Se puede comer la cantidad deseada, pero siempre hay que primar las frutas y las verduras. La clave está en empezar con los alimentos más ligeros. Debe beber agua 20 minutos antes de la comida.

Menú tipo

Desayuno
Té o café con un poco de leche desnatada, un huevo duro o pasado por agua y una rebanada de pan integral.

Comida
Pollo a la plancha y una taza de pasta integral y otra de menestra.

Merienda
Café o té y zumo de naranja.

Cena
Lenguado al vapor, una patata asada o hervida y ensalada verde.

Dieta de los Hamptons

→ La dieta de los millonarios

Origen y autor

Estados Unidos. El Dr. Fred Pescatore, médico especialista en nutrición, fue director asociado del Centro Atkins durante cinco años. Hasta el momento ha escrito cinco libros relacionados con la alimentación, el último de ellos titulado *Hamptons Diet* («La dieta Hamptons»), que lo lanzó a la fama al reformular la dieta del Dr. Atkins (véase pág. 121) con nuevos conceptos médicos.

El doctor Pescatore tiene una casa de veraneo en los Hamptons, uno de los lugares más exclusivos de la costa este de Estados Unidos, de ahí el título del libro. Entre su clientela se encuentran los ricos y famosos de dicho lugar, como Sarah Jessica Parker y Renée Zellweger.

Pérdida de peso

Entre 1,4 y 1,8 kilos por semana.

Durante cuánto tiempo

Un mes.

Efecto yoyó

Moderado.

Control médico

Rutinario.

En qué consiste

Combina distintas dietas y las refunde en una, que se basa en comer más vegetales, más pescados ricos en omega-3 y grasas monosaturadas.

Contraindicaciones y detractores

- Restringe la ingesta de carbohidratos sin que exista una prueba científica de la eficacia de esta medida para bajar de peso.

Ventajas

- Promueve el consumo de frutas, verduras y carnes magras.

Qué comer

Esta dieta es similar a la mediterránea, pues se come un poco de todo, pero tiene algunas diferencias. Comerá más legumbres, pescados (sobre todo, grasos, como el salmón, la sardina y la trucha), carnes magras y frutas, y menos carbohidratos.

Las restricciones se refieren a los azúcares refinados. Las nueces, las legumbres y los granos (sólo se permiten los integrales) han de consumirse de forma moderada.

Cómo se hace

- Sustituye el uso de aceite de oliva por el de macadamia como fuente principal de grasa monosaturada (tiene un 30% más de esta grasa).
- Se evitan los aceites que tienen un alto contenido de omega-6, como el de maíz, el de girasol o el de soja.
- Prescinde del azúcar, la margarina y las mantequillas.

- Omite las comidas procesadas y las que están etiquetadas como «parcialmente hidrogenadas».
- Obvia los carbohidratos simples como los panes blancos, las pastas y el arroz.

Menú tipo

Desayuno
Un té y dos tostadas de pan integral con queso dietético.

Almuerzo
Bistec con ensalada verde aliñada con aceite de macadamia y vinagre, además de una fruta cítrica.

Merienda
Tallos de apio con aguacate o con queso dietético.

Cena
Pescado a la plancha, brócoli al vapor con aceite y medio boniato asado, además de una fruta del tiempo.

Dieta del Instituto del Corazón de Miami

> Saber combinar

Origen y autor

Estados Unidos. Se desconoce el autor.

Tal y como sucede con la dieta de la Clínica Mayo, el Instituto del Corazón de Miami nunca ha hecho público ningún tipo de dieta, aunque este régimen se haya popularizado empleando su nombre.

Pérdida de peso

Es una dieta de acción rápida, ya que pueden perderse hasta 4 kilos en siete días.

Durante cuánto tiempo

Una semana.

Efecto yoyó

Moderado.

Control médico

Rutinario.

En qué consiste

En disociar ciertas combinaciones de alimentos que podrían ser la causa del aumento de peso.

Contraindicaciones y detractores

- Como ya hemos comentado en otras recetas, no existe ninguna evidencia científica de que la disociación de los alimentos conduzca a una reducción de peso.

Ventajas

- No hay que contar calorías.
- Es fácil de seguir.
- Se pierde mucho peso en poco tiempo.

Qué comer

Es una dieta cómoda porque permite comer una gran variedad de alimentos, siempre que se tenga la precaución de no mezclar hidratos con proteínas.

Las verduras y las frutas están permitidas en cualquier comida, y pueden mezclarse tanto con hidratos como con proteínas.

En el grupo de los hidratos se encuentran principalmente los cereales, como el arroz, el maíz y el trigo, y sus derivados, como la pasta.

Las proteínas están en los productos animales (carne, pescado, huevos, lácteos) y en los de origen vegetal (soja, frutos secos, legumbres).

Cómo se hace

La dieta se prolonga a lo largo de una semana: durante los primeros tres días debe seguirse un régimen estricto; en los cuatro siguientes, en cambio, se puede comer normalmente, pero siempre en pequeñas cantidades.

Menú tipo

Desayuno
Café o té, una tostada acompañada por 25 g de queso dietético y un zumo de cítricos.

Comida
Ensalada variada, mero al horno con cebolla y tomate y fruta.

Cena
Ensalada verde, bistec de 100 g a la plancha, verduras crudas o cocidas y 50 g de helado de vainilla.

…………………………………… La dieta de las mareas

Dieta de la Luna

Origen y autor

Italia. El Dr. Rolando Ricci, especialista en ortopedia y traumatología, asegura haber creado en 1988 la famosa dieta de la Luna, también conocida como dieta lunar, de Selene o de las mareas, para ayudar a sus pacientes con sobrepeso.

Ricci parte de la base de que el cuerpo posee un 70% de líquido y de que nuestro satélite tiene una influencia directa en el elemento acuoso, por lo que asegura que, como estructuras que compartimos el mismo espacio-tiempo, la Luna también puede modificar nuestro organismo, tal como hace con las plantas o al intervenir en el flujo de las mareas.

Pérdida de peso

Es una dieta de acción muy rápida, ya que permite perder hasta 1 kilo al día.

Durante cuánto tiempo

Un día.

Efecto yoyó

Rápido.

Control médico

Rutinario.

En qué consiste

Se hace un ayuno coincidiendo con el inicio de una nueva fase lunar. Según esta teoría, se pierde peso gracias a la capacidad del organismo de absorber agua, relacionada con la fuerza de atracción que ejerce la Luna sobre los líquidos. Es decir, los líquidos del cuerpo tienden a seguir los ritmos provocados por la influencia de la Luna, tal como hacen los mares y los océanos.

Contraindicaciones y detractores

- La AESAN asegura que no existe ninguna base científica para afirmar que las fases de la Luna puedan provocar una pérdida de peso corporal.
- También explica que el ayuno total puede originar una pérdida de peso a corto plazo que no se mantiene si no se toman medidas encaminadas a un estilo de vida saludable.

Ventajas

- Es una dieta exprés.
- El ayuno permite que el aparato digestivo repose y que el hígado metabolice las sustancias nocivas de forma más eficaz.

Qué comer

Sólo beberá líquidos: agua mineral, cualquier tipo de infusión, té, zumos de frutas naturales y caldos vegetales.

Cómo se hace

Debe comenzar este ayuno cuando cambia la fase de la Luna a nueva o llena. Existen unas tablas donde se indica el horario exacto de comienzo. A partir de esa hora, se trata de un día entero, es decir, de 24 horas.

Menú tipo

Desayuno
Infusión y zumo de naranja.

A media mañana y media tarde
Infusión o zumo.

Comida
Agua y caldo vegetal.

Merienda
Té y zumo de pomelos.

Cena
Agua y caldo vegetal.

Dieta de Lutz

> Con la báscula al hombro

Origen y autor

Austria. El doctor Wolfgang Lutz, tras tratar a más de 10 000 pacientes desde la década de 1960, desarrolló un plan alimenticio que permitía bajar de peso mediante el cambio de los hábitos de consumo.

Al cabo de unos años, unió su experiencia a los estudios desarrollados por Christian Allan Lutz en campos como la química de los minerales, la bioquímica y la nutrición, y juntos publicaron el libro *Life Without Bread* («La vida sin pan»), donde sentaron las bases de su teoría.

Pérdida de peso

Es una dieta de acción lenta, en la que se pierden unos 6 kilos en 30 días.

Durante cuánto tiempo

Un mes.

Efecto yoyó

Moderado.

Control médico

Necesario.

En qué consiste

Debe reducirse al mínimo la ingesta de hidratos de carbono para evitar que estos se transformen en un exceso de glucosa, que luego puede convertirse en grasa.

Contraindicaciones y detractores

- Carece de cualquier fundamento científico. El descenso de peso se produce más por una disminución de las calorías consumidas que por la restricción de hidratos.
- No deben seguirla personas con altos índices de colesterol o triglicéridos.

Ventajas

- Es fácil de hacer porque hay libertad para organizar el menú dentro de los alimentos permitidos.

Qué comer

Entre los alimentos permitidos, se encuentran los pescados, toda clase de carnes, lácteos, huevos, vegetales, aceite de oliva, mantequilla y margarina. Otros alimentos están restringidos, pero no prohibidos. Lutz proporciona un listado con las cantidades diarias máximas que pueden consumirse de ellos:

- 12 g de azúcar;
- 14 g de miel;
- 15 g de harina, arroz, maíz o pasta;
- 20 g de pan blanco;
- 20 g de chocolate;
- 25 g de pan negro;

- 30 g de legumbres;
- 60 g de patatas, plátanos y nueces;
- 100 g de naranja o de su zumo;
- 120 g de limón;
- 200 g de vegetales de raíz;
- 100 ml de bebidas alcohólicas;
- 330 ml de leche.

Cómo se hace

Siempre han de escogerse los alimentos permitidos y debe evitarse superar las cantidades aconsejadas de los restringidos. Puede prepararse la comida como más le guste (hervida, frita, al horno, a la plancha, etc.).

Menú tipo

Desayuno
Café o té sin azúcar, dos huevos revueltos o hervidos y 25 g de pan.

Media mañana
Un trozo de queso curado.

Comida
Carne o pescado con ensalada de mejillones al natural y tomate o espárragos, además de 120 g de patatas.

Merienda
Café o té sin azúcar y un yogur.

Cena
Tortilla de claras de huevo y queso, y una copa de vino.

Dieta macrobiótica

> Auténtica filosofía oriental

Origen y autor

Japón. George Ohsawa (1893-1966) importó a Europa la macrobiótica. Ohsawa fue un filósofo japonés que creó el concepto de una alimentación en armonía con la naturaleza, combinada con ideas de la filosofía budista zen.

El término *macrobiótico* proviene del griego *macro* («largo») y *bios* («vida»). Ohsawa diseñó originalmente una dieta muy restrictiva, que provocó rechazos en Occidente porque causaba problemas de salud.

Con el paso del tiempo, los seguidores de Ohsawa y de Michio Kuchi, autor de numerosos libros y pionero de conseguir la paz mundial a través de la macrobiótica, rediseñaron la dieta y la hicieron más permisiva y fácil de seguir, por lo que ha vuelto a ganar muchos adeptos, como, por ejemplo, la actriz estadounidense Gwyneth Paltrow.

Pérdida de peso

Hasta 5 kilos en un mes.

Durante cuánto tiempo

Un mes.

Efecto yoyó

Moderado.

Control médico

Necesario.

En qué consiste

Deben consumirse sólo los alimentos que, biológicamente, están más cerca del ser humano (alimentos yang, que tienen una energía tonificante) y evitar aquellos que son perjudiciales para la salud física y mental (alimentos yin, cuya energía es debilitante). Al obtener el equilibrio entre el cuerpo humano y la naturaleza, se alcanza el peso adecuado.

Contraindicaciones y detractores

- Puede producir deficiencias de vitaminas A, D, E y B_{12}, y de minerales como el calcio y el hierro, además de anemia y desnutrición.
- Por la restricción de beber agua, pueden sufrirse problemas de deshidratación o insuficiencia renal.
- Muchos de los alimentos, según el lugar en el que se viva, son difíciles de conseguir por ser de origen japonés (mijo, soja, algas, *tempeh*, tofu, etc.).

Ventajas

- Se adelgaza mucho y muy rápido, sobre todo debido a la pérdida de masa muscular y porque su alto consumo de cereales implica un gran aporte de fibra, que depura el organismo.
- No es simplemente una dieta para bajar de peso, sino que además busca la armonía del cuerpo y la mente y el equilibrio energético.

Qué comer

- Cereales integrales: 50-60 %.
- Frutas y vegetales: 25-30 %.
- Proteínas (sobre todo las obtenidas de legumbres, a través de productos japoneses como *tempeh*, tofu o seitán, y el pescado blanco): 10 %.
- Sopas: 5-10 %.
- Algas: 5 %.
- Ocasionalmente podrá comer carne, pescado azul, huevos, semillas y nueces, encurtidos sin azúcar, sal marina y postres, además de verduras de hoja verde (repollo, col, hojas verdes de los nabos, etc.).

Cómo se hace

Debe buscar el equilibrio entre el yin y el yang con la alimentación. Tiene que consumir los alimentos de los extremos con muy poca frecuencia. Los que poseen un extremo en el yin son, por ejemplo, los platos muy dulces, los lácteos, etc., y los extremadamente yang son las comidas saladas, la carne roja, el café, etc.

Las propiedades yin o yang de los alimentos pueden saberse a través de las propiedades básicas de la comida: qué acidez tiene, dónde creció (son mejores las raíces de los vegetales que las frutas procedentes de las ramas más altas de los árboles), de qué localización geográfica proviene, color, forma, sabor y concentración de humedad del alimento.

Esta dieta también recomienda consumir la mínima cantidad de bebida posible, y siempre sin azúcar ni edulcorantes. Se aconsejan los tés de consuelda, habú, nogal y llantén. Las bebidas alcohólicas, con gas, los zumos y productos refinados y químicos deben evitarse en todo momento.

Menú tipo

Desayuno
Un té de alguna variedad japonesa y galletas de arroz o dos tostadas integrales con paté vegetal.

Comida
Una sopa de mijo o de verduras con algas y salsa de soja, y croquetas de arroz integral hervido, molido y hecho al horno, o bien un plato combinado de arroz integral (150 g) hervido con algas y legumbres. De postre, una manzana hervida o al horno.

Merienda
Un té y galletas de arroz con mermelada natural sin azúcar.

Cena
Una sopa de verduras con *shiitake* (un hongo japonés) y nabos, crema de espárragos y 150 g de arroz o de pescado.

Las dietas

Dieta mediterránea

> Lo más nuestro

Origen y autor

Países de la costa mediterránea. El Dr. Ancel Keys, que durante la década de 1950 estudiaba las relaciones entre las enfermedades coronarias, el colesterol y la dieta en la posguerra, fue el primero en definirla con el epígrafe por el que hoy en día es conocida en todo el mundo.

Pérdida de peso

1 kilo por semana hasta lograr el peso ideal.

Durante cuánto tiempo

Se puede adoptar como dieta habitual.

Efecto yoyó

Lento.

Control médico

Rutinario.

En qué consiste

Hay que asegurar una nutrición correcta, regular los niveles de colesterol y reducir grasas y azúcares.

Contraindicaciones y detractores

- Sus resultados se obtienen a largo plazo, lo que puede hacer desistir a las personas que quieran bajar de peso de una manera rápida.

Ventajas

- Es una dieta muy equilibrada.
- Según diversos estudios, mejora el estado de salud de quienes la siguen, tanto a nivel cardiovascular como en relación con ciertas enfermedades, como la diabetes, la obesidad, algunas alergias y cánceres como el de colon.
- Ofrece una cantidad suficiente y equilibrada de antioxidantes (vitaminas E y C, carotenoides y diversos polifenoles, que se encuentran en los alimentos que componen la dieta). Los antioxidantes pueden ayudar a prevenir enfermedades cancerígenas y cardiovasculares, así como los procesos de envejecimiento.
- Las personas que siguen habitualmente esta dieta tienen una esperanza de vida superior que aquellas que mantienen otros hábitos alimentarios.

Qué comer

Los alimentos estrella son los cereales integrales, las legumbres, las aves y demás carnes magras, el pescado blanco y azul, los cereales enteros, el aceite de oliva, los lácteos desnatados, los huevos, los vegetales, las hortalizas y las frutas. Los productos naturales deberán ser los propios de la estación.

No deberían consumirse las grasas saturadas presentes en los lácteos, carnes, mantequilla, margarinas, cereales refinados y derivados, frituras, dulces, azúcar, mayonesas y salsas procesadas industrialmente.

Cómo se hace

La clave está en la variedad de la alimentación, es decir, consumir cada día productos de diferentes grupos, en porciones no muy abundantes.

Menú tipo

Desayuno
Café, té o infusión, zumo de naranja y una rebanada de pan integral con queso blanco desnatado.

Comida
Pescado (merluza, dorada, mero, sardina, jurel, etc.) (150 g) con dos zanahorias al vapor y ensalada verde aliñada con aceite de oliva y jugo de limón.

Merienda
Un yogur desnatado y una fruta.

Cena
Un caldo de verduras y una ensalada de pasta integral con verduras crudas o ligeramente cocinadas a la parrilla, aderezada con tomate natural, sal, especias y una cucharadita de aceite de oliva. Una fruta o un yogur.

Dieta Montignac

> Decir adiós a la glucosa

Origen y autor

Francia. Michel Montignac estudió Ciencias Políticas y se especializó en Ciencias Humanas. A finales de la década de 1970 comenzó a investigar sobre la nutrición y las diferentes formas de perder peso. Tras experimentar sobre sí mismo (al igual que su padre, era obeso) y lograr perder 15 kilos en tres meses, saltó a la fama con su libro *Adelgazar en comidas de negocios*, del que vendió más de 500 000 ejemplares.

Se consagró como un experto en el adelgazamiento con su obra *Comer para adelgazar*, que ha sido traducida a varios idiomas, distribuida en más de 40 países y con unas ventas récord que rondan los 17 millones de ejemplares en todo el mundo.

Pérdida de peso

Entre 3 y 5 kilos en 30 días.

Durante cuánto tiempo

Un mes.

Efecto yoyó

Lento.

Control médico

Rutinario.

En qué consiste

Hay que separar los alimentos que el autor califica como «buenos», es decir, que provocan una liberación pobre de glucosa en la sangre, de los que cataloga como «malos», que producen un fuerte aumento de glucosa. Si se comen estos alimentos juntos, se acumulan grasas. La clave está en elegir los alimentos según su contenido en glúcidos (o carbohidratos), ya que un exceso de estas sustancias impediría al páncreas procesarlas, las convertiría en grasas y, por tanto, provocaría un aumento de peso.

Contraindicaciones y detractores

* La falta de suficientes hidratos de carbono puede causar fatiga y mareo.
* Lo ingerido aporta más del doble de proteínas que recomienda la OMS, con el riesgo de aumentar los niveles de ácido úrico o provocar gota en personas que ya los tengan elevados.

Ventajas

* No tiene que contar las calorías de lo que consume cada día, sino que sólo ha de escoger los alimentos permitidos.
* Puede comer alimentos como el chocolate o el queso, que están prohibidos en otras dietas.

Qué comer

Hidratos de carbono «buenos», como los vegetales, el pan integral, el chocolate negro o las frutas, siempre y cuando no se mezclen con grasas. Los alimentos prohibidos son los hidratos de carbono «malos», como el azúcar, el pan blanco, el maíz, las patatas o las zanahorias.

Cómo se hace

No pueden combinarse, en una misma comida, proteínas con hidratos de carbono o legumbres, y la fruta se toma entre comidas. Básicamente: no hay que mezclar los alimentos del grupo 1 con los del 2, ni los del 3 con los del 1; deben evitarse los alimentos de los grupos 6 y 7 durante los 14 primeros días, y pueden incorporarse al acabar este periodo hasta el trigésimo día.

Grupos de alimentos
Grupo 1: proteínas (carne, pollo, pescado, huevos).
Grupo 2: hidratos de carbono (patatas, pasta, arroz).
Grupo 3: legumbres.
Grupo 4: verduras.
Grupo 5: frutas.
Grupo 6: frutos secos.
Grupo 7: grasas.

Menú tipo

Desayuno
Té o café descafeinado, 100 ml de leche desnatada con avena y dos melocotones.

Comida
Verdura al vapor y rodaballo a la plancha con ensalada verde y queso *brie*.

Merienda
Una manzana o 50 g de queso curado.

Cena
Arroz integral con hongos y una taza de fresones.

Las dietas

Dieta de Okinawa
Cómo ser longevo y delgado

Origen y autor

Japón. Es obra de Mokoto Suzuki y Bradley Willcox. Esta dieta debe su nombre a un archipiélago de Japón donde la esperanza de vida es la más elevada del mundo (86 años en las mujeres y 78 en los hombres). Es el lugar donde hay más personas que han pasado la barrera de los cien años y han envejecido en un buen estado. Los nutricionistas observaron que su modo de vida incluye una alimentación pobre en grasas y calorías e idearon una dieta semivegetariana que emula la seguida por los nativos de Okinawa.

Los investigadores Suzuki y Wilcox estudiaron el porqué de estos datos y lo publicaron en el libro *The Okinawa Program* («El programa de Okinawa»), que dio origen a esta famosa dieta asiática.

Pérdida de peso

Hasta 3 kilos en siete días.

Durante cuánto tiempo

Una semana.

Efecto yoyó

Moderado.

Control médico

Necesario.

En qué consiste

Es una dieta semivegetariana pobre en materias grasas (menos del 25 % de las calorías totales). Se debe controlar la densidad energética de los alimentos (el valor calórico por cada 100 g de alimento dividido entre 100). El objetivo es restringir las calorías, pero sin tener que contarlas, para obtener un peso saludable y envejecer bien.

Los alimentos no se pesan, sino que se miden con una taza.

Contraindicaciones y detractores

- Es una dieta hipocalórica que no puede seguirse durante mucho tiempo por sus carencias nutricionales.
- Muchos de los alimentos que hay que incorporar no son habituales en la dieta occidental (como el tofu o las algas), lo que hace más difícil acostumbrarse a ella.
- El consumo de algas puede ser perjudicial para personas que sufran hipotiroidismo o hipertiroidismo.

Ventajas

- Rápida pérdida de peso.
- En teoría podría ayudar a envejecer en forma, aunque no está científicamente probado.
- Al ser una dieta que promueve el consumo de vegetales y frutas en detrimento de alimentos grasos, puede mejorar la tasa de lípidos (colesterol y triglicéridos).

Qué comer

Es necesario consumir muchos más vegetales y frutas que productos animales: aproximadamente diez tazas diarias de vegetales o frutas. También incluye legumbres, pastas, arroz o maíz, pescado a diario, soja, alimentos ricos en calcio y una proporción menor de carne roja y huevos. Asimismo, tiene que beber mucho té (ya sea verde o negro) y entre 8 y 12 vasos de agua a lo largo del día.

Cómo se hace

Es importante cumplir con el «Hara Haci Bu», que significa dejar de comer cuando se está un 80% lleno o satisfecho. El cuerpo necesita varios minutos para comprender que está saciado, de manera que si come hasta llenarse, está nutriéndose más de lo necesario.

Hay que mantenerse activo. Por ello, es muy recomendable practicar ejercicio de forma moderada (natación, caminatas, ciclismo, etc.).

Menú tipo

Desayuno
Té verde o negro, una rebanada de pan de centeno con queso fresco y una fruta a elección.

Comida
Pasta integral con habas, ensalada de champiñones y tofu (una especie de queso), además de un té.

Cena
Pescado a la plancha acompañado de una ensalada de arroz integral con verduras a elección, además de una pieza de fruta y una taza de té.

Un ingrediente especial

El tofu es uno de los alimentos más completos por su alto contenido en proteínas, minerales y calcio. De hecho, posee 10 de los 20 aminoácidos esenciales para el cuerpo humano, y además es bajo en calorías.

Puede comerlo de muchas maneras: a la plancha, al horno, ahumado, empanado o rebozado, e incluso como postre, con un poco de miel.

Para conservarlo, coloque los bloques de tofu en un recipiente hermético con agua y guárdelo en la nevera. Cambie el agua a diario y si no va a consumirlo enseguida, congélelo.

Dieta del Paleolítico

> El regreso a las fuentes

Origen y autor

Estados Unidos. Loren Cordain, médico y profesor del Departamento de Salud y Ciencias del Ejercicio de la Colorado State University, en Fort Collins (Estados Unidos), ha dedicado su vida a investigar sobre medicina y evolución.

Cordain ha escrito numerosos artículos científicos en los que relaciona la dieta que seguían nuestros ancestros paleolíticos y la salud y el bienestar del ser humano moderno. Es el autor del libro *The Paleo Diet* («La dieta del Paleolítico»).

Pérdida de peso

Entre 2 y 4 kilos la primera semana, y un kilo y medio las semanas sucesivas.

Durante cuánto tiempo

Un mes.

Efecto yoyó

Moderado.

Control médico

Rutinario, aunque como esta dieta puede generar determinadas carencias nutricionales, al concluirla convendría realizarse una analítica.

En qué consiste

Deben ingerirse muchas proteínas y pocos carbohidratos y grasas, ya que se basa en la dieta que seguían, hace millones de años, los llamados «hombres de las cavernas», que se alimentaban principalmente de la carne de los animales que cazaban y de frutas y verduras que recogían en su entorno.

Es una dieta en la que se consumen productos naturales, prácticamente crudos, con la idea de que el organismo del hombre está mejor preparado para asimilar aquello que comió durante su existencia pretérita.

Contraindicaciones y detractores

- El cuerpo humano ha evolucionado desde el Paleolítico hasta la actualidad (por ejemplo, ahora es tolerante a la lactosa y puede consumir leche no materna), por lo que puede no ser cierto que la dieta adecuada para las personas de la Edad de Piedra sea buena para el hombre actual.
- No es equilibrada y tiene deficiencias nutricionales: puede provocar carencia de calcio, vitamina D y proteínas, además de infecciones producidas por no cocinar de manera completa los alimentos.
- No es aconsejable para personas con enfermedades cardiacas.

Ventajas

- Es apta para los celiacos y puede ser útil para los diabéticos (bajo seguimiento médico).
- Estimula la ingestión de frutas y verduras.
- Al reducir la ingesta de comida procesada, los niveles de sodio y potasio en el cuerpo están más equilibrados.

Qué comer

Todo lo que pueda ser obtenido por medio de las prácticas y herramientas propias del Paleolítico, como carne, pescado, frutas maduras, hojas y raíces de plantas, frutos secos, huevos y miel.

Los alimentos que se excluyen son aquellos introducidos en el curso de la evolución humana, en particular después de la invención de la agricultura hace diez mil años.

Las proporciones en calorías son aproximadamente del 20-35 % de proteínas, 30-60 % de grasas y 20-35 % de carbohidratos. Para alcanzar estos valores, deberá consumir un 45-65 % de productos animales y un 35-55 % de vegetales.

Cómo se hace

Hay que obtener los alimentos de una fuente lo más natural posible. Para cocinar debe evitar el microondas y sólo ha de cocer la comida el tiempo necesario para matar las posibles bacterias.

Menú tipo

Desayuno
Revuelto de huevo y una naranja.

Comida
Codornices con cebolla, zanahoria y champiñones. Fruta.

Merienda
Macedonia de frutas.

Cena
Pescado con espárragos a la plancha, ensalada verde y una ciruela.

Dieta de la pasta

> Perder peso a la italiana

Origen y autor

Italia. La pasta es de origen desconocido. Lo más probable es que proceda de China, ya que, según parece, Marco Polo la llevó de allí a Italia.

Su ingrediente básico es la harina de trigo, mezclada con agua, sal, huevo u otros productos. Constituye el plato fuerte de la gastronomía italiana y también es muy apreciada en Oriente y los países árabes.

La pasta tiene 370 Kcal por cada 100 g, y el principal aporte nutricional es de hidratos de carbono, con un 13% de proteínas y un 1,5% de grasas.

Pérdida de peso

De 5 a 6 kilos al mes.

Durante cuánto tiempo

Un mes. Es una dieta cómoda y fácil de seguir, por lo que su duración no suele ser un problema.

Efecto yoyó

Lento.

Control médico

Rutinario.

En qué consiste

Se debe combinar la pasta con otros alimentos, como vegetales y carnes magras, y reducir la ingesta de grasas. Se basa en el principio de que lo que engorda no es la pasta, sino lo que utilizamos como acompañamiento (salsas, mantequillas, natas, quesos...).

Contraindicaciones y detractores

- No pueden seguirla los celiacos.

Ventajas

- Es un alimento de asimilación lenta y produce una sensación de saciedad, lo que ayuda a seguir la dieta con menor esfuerzo.
- Al ser un alimento elaborado con trigo, la pasta posee muchas cualidades nutritivas: contiene carbohidratos, fibra y vitaminas E y B, que fortalecen el corazón.
- Aporta triptófano, un aminoácido esencial que actúa como precursor de la serotonina.

Qué comer

Además de la pasta, pescados, vegetales, carnes magras, aceite de oliva y especias. En menor proporción, queso, café descafeinado, zumos de fruta sin azúcar, lácteos desnatados y huevos.

Cómo se hace

Debe elegir entre estos tipos de pastas:

- al gluten: están compuestas por harina de trigo, con añadido de gluten (una proteína presente en el trigo, pero también en la ce-

bada, el centeno y la avena). Tiene un aporte mayor de proteínas y menor de hidratos de carbono;
- integral: se elabora con harina de trigo integral;
- integral de colores: se añaden los nutrientes de los vegetales que entran en su composición (por ejemplo espinacas, zanahorias, tomate, etc.).

Menú tipo

Desayuno
Café o infusión y una pieza de fruta a elección.

Media mañana
Un vaso de leche desnatada.

Comida
Ensalada de pasta, pescado a la plancha con pimientos y berenjenas asadas, y un yogur desnatado.

Cena
Sopa de pasta con legumbres y verduras al vapor o a la parrilla, además de una pieza de fruta del tiempo.

Dieta de la patata

→ El alimento de la tierra

Origen y autor

Desconocido. Esta dieta se extendió en la década de 1990 en nuestro país gracias a que se basa en un tubérculo barato y que se encuentra con facilidad.

Pérdida de peso

Hasta un kilo y medio por semana.

Durante cuánto tiempo

Hasta un mes.

Efecto yoyó

Moderado.

Control médico

Rutinario.

En qué consiste

El almidón de la patata actúa de manera similar al de los cereales, pero se caracteriza por tener un menor aporte calórico, por lo que sirve para provocar una sensación de saciedad y, de esa manera, se come menos.

Contraindicaciones y detractores

- Esta dieta no tiene ninguna base científica.
- Al comer diariamente patata, la dieta se hace aburrida y es más difícil seguirla durante mucho tiempo.
- Si no se escogen bien los alimentos para acompañar a la patata, puede resultar desequilibrada e incluso producir trastornos digestivos.

Ventajas

- La patata aporta menos calorías que otros elementos ricos en hidratos de carbono y resulta más saciante, por lo que pasará menos hambre que con otras dietas.

Qué comer

Mientras se está siguiendo esta dieta, es preferible no tomar cereales.

Cómo se hace

Debe incorporar las patatas diariamente, tanto en la comida como en la cena, y acompañarlas siempre con proteínas (carnes o huevos) y vegetales.

Menú tipo

Desayuno
Té o café, yogur desnatado y una pera o una manzana.

Media mañana
Zumo de piña natural (250 ml).

Comida

Dos patatas medianas hervidas, 150 g de pescado a la plancha y ensalada verde.

Cena

Puré de patatas o patatas al horno revueltas con dos huevos y 150 g de berenjena a la parrilla.

Dieta de la piña

→ Fibra a todas horas

Origen y autor

Estados Unidos. Se trata de una dieta sin ninguna base científica, que se puso de moda a principios de la década de 1970 gracias al movimiento *hippy*. Actualmente goza de una fama notable.

Pérdida de peso

Hasta 3 kilos en una semana.

Durante cuánto tiempo

No se puede seguir durante más de una semana.

Efecto yoyó

Rápido.

Control médico

Indispensable.

En qué consiste

Hay que incluir la piña en todos los ágapes del día. De esta forma se acelera la digestión, se evita la retención de líquidos y el estreñimiento. Además de depurar el sistema digestivo, permite una mayor absorción de las grasas.

Contraindicaciones y detractores

- Está contraindicada si se padece cualquier tipo de trastorno gastrointestinal o si se es alérgico a la piña.
- Puede producir alteraciones digestivas, pues la carestía de nutrientes impide al cuerpo regularse y funcionar correctamente.
- El aporte excesivo de fibra disminuye la absorción de sales minerales y puede llegar a provocar diarreas, cólicos abdominales y flatulencia.

Ventajas

- Tiene propiedades antioxidantes y fortalece el sistema inmunológico por su alto contenido de vitamina C.
- La piña es rica en las enzimas bromelina y papaína, que ayudan a metabolizar los alimentos.

Qué comer

Piña natural en zumo o troceada y porciones pequeñas de otros alimentos (lácteos desnatados, carne, verduras, pasta). El azúcar y el alcohol están prohibidos.

Cómo se hace

Hay que incorporar la piña a casi todas las comidas y respetar las cantidades de los otros alimentos.

Menú tipo

Desayuno
Infusión, zumo de piña y una tostada de pan integral con un quesito dietético.

Media mañana y merienda
Una rodaja de piña.

Comida
Pollo, pescado o carne roja a la plancha (150 g) y ensalada verde. Dos rodajas de piña.

Cena
Pasta integral (150 g) con tomate natural y dos rodajas de piña.

Buena y rica

La piña, que llegó al continente europeo en el siglo XVI, es una fuente natural de vitaminas (contiene C, B_1, B_6, B_9) y de minerales como el potasio, el magnesio, el yodo, el cobre y el manganeso. Se considera que es diurética, antiséptica y desintoxicante.

La decocción de su piel se utiliza en la medicina natural para aliviar infecciones de la faringe.

Dieta de la *pizza*

> Placeres redondos

Origen y autor

España. Carlos Graschinsky, doctor en endocrinología, creó esta dieta, que se difundió a través de un programa de radio y, por razones obvias, se hizo increíblemente popular.

Pérdida de peso

Medio kilo diario.

Durante cuánto tiempo

No es recomendable seguir esta dieta durante un tiempo superior a tres días.

Efecto yoyó

Moderado.

Control médico

Rutinario.

En qué consiste

Debe combinarse la *pizza* con otros alimentos para lograr perder peso, a pesar de ingerir un alimento que suele ser tabú en otras dietas.

Contraindicaciones y detractores

- Esta dieta no implica un cambio en las costumbres alimentarias que permita un descenso de peso mayor y más prolongado en el tiempo.
- Es desequilibrada, baja en proteínas y no debe seguirse durante más de tres días.

Ventajas

- Es muy corta y fácil de seguir.
- No hay que contar las calorías.

Qué comer

Su dieta se basará fundamentalmente en el consumo de *pizza*, pasta, vegetales, lácteos y frutas.

Cómo se hace

Debe beber dos litros de agua durante el día, pero no mientras come.

Menú tipo

Desayuno o merienda
En ayunas, un zumo de naranja o de pomelo. Luego un té, un café o una infusión, además de dos rebanadas de pan integral con mermelada dietética.

Comida
Caldo de verduras, dos porciones de *pizza* de tomate, berenjena y cebolla, y una naranja.

Merienda
Un yogur dietético.

Cena
Caldo de verduras y un plato pequeño de espaguetis con salsa de tomate natural. De postre, una manzana asada.

Dieta del pomelo

De los *hippies* a la mesa

Origen y autor

Estados Unidos. Se cree que surgió a raíz de un excedente en la producción de pomelos en Estados Unidos en 1970. De origen desconocido e inspirada en las emergentes filosofías *hippies* y contestatarias, comenzó a promover las supuestas propiedades de este cítrico para desintoxicar y quemar grasas del organismo.

Pérdida de peso

4 kilos.

Durante cuánto tiempo

Dos semanas.

Efecto yoyó

Rápido.

Control médico

Necesario.

En qué consiste

La premisa de esta dieta es que el pomelo ayuda a quemar grasas. Además, como es un alimento libre de dicha materia y con poca cantidad de sodio, a la vez que contiene un alto nivel de vitamina C, agua y fibras, provoca una sensación de saciedad, por lo que se come menos.

Contraindicaciones y detractores

- La afirmación en que se basa esta dieta de que el pomelo cataliza (es decir, acelera) la combustión de las grasas carece de fundamento científico.
- Puede producir descalcificación ósea y daños renales, así como fatiga y mareos por falta de hidratos de carbono, ya que la glucosa, el sustrato deficiente en estas dietas, es la principal fuente de energía del organismo.
- Puede aumentar los niveles de ácido úrico y provocar ataques de gota en personas con hiperuricemia.

Ventajas

- Nos provee de beta-carotenos, incluidos en el pomelo rosado, que ayudan a reducir el colesterol.
- El pomelo es bajo en calorías y sodio, y contiene mucha vitamina C.

Qué comer

Como mínimo, dos pomelos diarios y carne, huevos, verduras, legumbres y pastas.

Cómo se hace

La premisa básica consiste en comer medio pomelo antes de cada comida y seguir una dieta hipocalórica basada en proteínas y vegetales.

Menú tipo

Desayuno
Un vaso de leche desnatada con 35 g de copos de cereal.

Media mañana
Medio pomelo.

Comida
Macarrones (60 g) con tomate natural, merluza o rape al horno o a la plancha (150 g) y ensalada verde, además de medio pomelo.

Merienda
Medio pomelo.

Cena
Un bistec (150 g), acelgas o judías tiernas hervidas y aderezadas con 5 ml de aceite. Medio pomelo.

Dieta Pritikin

▶ Adiós a la proteína animal

Origen y autor

Estados Unidos. El matrimonio de bromatólogos Nathan e Ilene Pritikin ideó una dieta para combatir sus propias dolencias cardiovasculares, que, además de ser efectiva, resultó ser apropiada para perder peso.

Los Pritikin proponen una modificación del estilo de vida mediante la corrección de los malos hábitos alimentarios y la práctica de ejercicio.

Además de publicar sus investigaciones, fundaron un centro que lleva su nombre en Santa Mónica (California), en el que se estudian y tratan dolencias como la diabetes, la arteriosclerosis y la enfermedad de Crohn, entre otras.

Pérdida de peso

Hasta 6 kilos en una semana, y hasta 10 en 14 días.

Durante cuánto tiempo

Hasta dos semanas.

Efecto yoyó

Rápido.

Control médico

Imprescindible.

En qué consiste

En una reducción drástica del azúcar y de las proteínas de origen animal, así como en un incremento de los hidratos de carbono. La dieta es hipocalórica y se complementa con ejercicios físicos que elevan el metabolismo energético basal.

Contraindicaciones y detractores

- No está recomendada para hipotensos y para quienes padecen hipocolesterolemia.
- Es muy deficiente en proteínas de elevado valor biológico y lípidos. Tiene escasez de vitaminas del grupo B, como el calcio y el hierro.
- A largo plazo es necesario ingerir suplementos de vitaminas, en especial liposolubles, como la A y la D. También puede ser necesario complementar la dieta con ácidos grasos omega-3 y 6, linoleicos y linolénicos.
- Es una dieta desequilibrada e hipocalórica que en ningún caso posee los nutrientes necesarios para el correcto funcionamiento del organismo.

Ventajas

- Pueden seguirla quienes padecen enfermedades cardiovasculares (hipertensión arterial, arteriosclerosis), al igual que los diabéticos que no sean insulinodependientes, las personas obesas, aquellos con altos niveles de colesterol o que han sufrido un infarto.

Qué comer

El menú, que no debería superar las 1000 calorías diarias, debe estar estructurado en un 80% de carbohidratos complejos o de absorción lenta, un 5-10% de grasas y un 10-15% de proteínas.

Entre los alimentos permitidos, están las frutas, las verduras, los cereales integrales y las legumbres —excepto la soja—, el queso dietético y un vaso diario de leche desnatada. La carne magra, el pollo o el pescado se toman en cantidades reducidas (80 g). Del huevo, sólo puede comerse la clara. Los alimentos tabú son los productos lácteos grasos, las carnes rojas, el aceite, las olivas, la yema de huevo, la grasa, las harinas y los azúcares refinados, el aguacate, las bebidas alcohólicas, los refrescos con gas y azúcar y la sal.

Cómo se hace

La dieta debe ir acompañada de actividad física (por ejemplo, una caminata diaria de 40 minutos a ritmo sostenido).

Todos los alimentos se ingieren crudos, al vapor, asados o hervidos, nunca fritos ni en guisos. Las especias, las hierbas aromáticas y unas gotas de limón constituyen el único aliño.

Menú tipo

Desayuno
Té o café, pan integral con queso dietético y una fruta.

Media mañana
Caldo de verduras.

Comida
Verdura con patatas, o bien pasta integral con tomate natural.

Merienda
Ensalada de alcachofa.

Cena
Ensalada y un revuelto de dos claras de huevo con espárragos.

Dieta de la remolacha

Colorear el hambre

Origen y autor

Desconocido. La remolacha se cultiva en Europa y el norte de África desde el siglo II a. de C. Al principio, las antiguas civilizaciones solamente consumían las hojas y usaban la raíz de la planta como medicamento para combatir los dolores de muelas y de cabeza.

Se sabe que los romanos ingerían esta raíz, pero no fue hasta el siglo XVI cuando volvió a formar parte de la dieta, en este caso, de ingleses y alemanes. Actualmente, Francia e Italia son sus principales productores.

Pérdida de peso

Hasta 5 kilos en siete días.

Durante cuánto tiempo

Una semana.

Efecto yoyó

Rápido, por lo que después de seguir la dieta convendrá estar muy atento a lo que se come.

Control médico

Rutinario.

En qué consiste

Debe incorporarse la remolacha en grandes cantidades a la dieta para aprovechar su moderado valor calórico (42 calorías por cada 100 g) y su alto contenido en fibra, que proporciona una sensación de saciedad y ayuda a limitar el consumo de otros alimentos más calóricos.

Contraindicaciones y detractores

- Es monótona y difícil de seguir en el tiempo.
- Es nutricionalmente desequilibrada.

Ventajas

- Rápido descenso de peso.
- Incluye frutas y verduras.
- No hay que contar las calorías.

Qué comer

La remolacha no es el único alimento de esta dieta. Se acompaña de vegetales, frutas, carnes magras y lácteos desnatados.

Cómo se hace

Las porciones de comida no deben ser abundantes para que la dieta sea hipocalórica.

Puede consumir esta hortaliza cruda, hervida o en conserva, en ensaladas o sola. Para ingerirla cruda, puede rallarla, pero es más digerible cocida.

Debe beber, además de infusiones, un mínimo de ocho vasos de agua al día.

Menú tipo

Desayuno
Un té o infusión y un yogur descremado.

Comida
Pechuga de pollo asada con ensalada de remolacha, tomate, pepino y rábanos, además de una pieza de fruta.

Merienda
Un licuado hecho con dos remolachas, dos zanahorias y una naranja.

Cena
Revuelto de huevo (una yema y dos claras) con espárragos y una pieza de fruta.

Dieta de la sandía

→ La dieta refrescante

Origen y autor

Desconocido. La sandía se cultiva desde hace más de 4000 años, es originaria del África tropical y fue introducida en España por los árabes. Es muy apreciada por sus propiedades: además de diurética y desintoxicante, ayuda a reducir los índices de colesterol y se cree que actúa como anticancerígeno.

Pérdida de peso

2 kilos.

Durante cuánto tiempo

Cinco días.

Efecto yoyó

Rápido.

Control médico

Rutinario.

En qué consiste

Debe incorporarse la sandía a casi todas las comidas. Esta fruta está compuesta por más de un 90% de agua y tiene muy pocas calorías, lo que la hace ideal para un régimen de adelgazamiento.

Contraindicaciones y detractores

- Está contraindicada si tiene cualquier tipo de trastorno gastrointestinal.
- El aporte excesivo de fibra disminuye la absorción de sales minerales y, al mismo tiempo, puede provocar problemas intestinales como diarreas, cólicos abdominales y flatulencia.

Ventajas

- Depura el organismo y libera toxinas.
- Es una dieta ligera, adecuada para el verano.
- Se produce una pérdida rápida de peso.

Qué comer

Además de sandía, carnes magras, lácteos desnatados, verduras crudas y cocidas, y cereales integrales.

Cómo se hace

La dieta no debe durar más de cinco días, en los que debe hacer las cinco comidas prescritas, beber mucha agua y comer toda la sandía que quiera, siempre que la tome antes de cenar.

Menú tipo

Desayuno
Zumo de sandía, café o té con leche desnatada, una tortita de arroz integral.

Media mañana
Dos rodajas de sandía.

Comida
Zumo de sandía antes de comer, puré de calabaza o de calabacín con quesito dietético y conejo a la plancha con verduras, también preparadas a la plancha o al vapor.

Merienda
Zumo de sandía.

Cena
Sopa de verduras, dorada a la sal, a la parrilla o al horno con pimiento asado.

Dieta Scarsdale

¡Grasas fuera!

Origen y autor

Scarsdale (Estados Unidos). El Dr. Hermann Tarnower, cardiólogo, tras observar que sus pacientes, ex prisioneros de guerra en Vietnam, tenían una salud cardiovascular mejor que la población general de Estados Unidos, investigó sobre nutrición y llegó a la conclusión de que el escaso aporte de hidratos de carbono había resultado beneficioso. Así, diseñó su dieta hipocalórica.

Pérdida de peso

Hasta 6 kilos en dos semanas.

Durante cuánto tiempo

14 días.

Efecto yoyó

Moderado.

Control médico

Necesario.

En qué consiste

Hay que ingerir muchas menos calorías de las que se consumen normalmente para obligar al organismo a aprovechar las reservas de grasa como energía. Para ello, se elimina de la dieta buena parte de los hidratos de carbono y se aumenta el consumo de proteínas. El aporte calórico se sitúa entre las 1000 y 1200 calorías diarias.

Contraindicaciones y detractores

- El exceso de proteínas puede provocar estreñimiento, implica una pérdida excesiva de agua y obliga a que los riñones trabajen más.
- Propicia una disminución de la grasa corporal, pero también de la masa muscular.
- Puede producir una sensación de cansancio e incrementar los niveles de colesterol y ácido úrico.

Ventajas

- La pérdida de peso es muy rápida.

Qué comer

Queso y leche desnatados, verduras, carne, fruta, pescado, marisco y huevos cocidos. Sólo se puede tomar una cucharada diaria de aceite. Se restringe el consumo de azúcar, alcohol, pastas, patatas, harina y leche entera.

Cómo se hace

No puede prolongarse más de dos semanas. No puede beber durante las comidas, y las únicas bebidas permitidas son el agua, el café y el té (sin leche ni azúcar).

Entre una comida y otra sólo se puede comer apio o zanahoria. Para condimentar las ensaladas y las verduras cocidas, debe usarse limón y vinagre y la cantidad máxima de aceite recomendada. Las carnes deben ser muy magras y preparadas sin grasas ni aceites.

Menú tipo

Desayuno
Café o té sin leche ni azúcar, una tostada de pan integral y una pieza de fruta (pomelo, naranja o manzana).

A media mañana
Una pieza de fruta.

Comida
Verduras al vapor o ensalada y, de segundo, pescado hervido o a la parrilla, un bistec a la plancha o dos huevos duros.

Cena
Pechuga de pollo o de pavo sin piel con ensalada de lechuga, tomate y atún natural.

Dieta del sirope de savia

La ayuda del árbol

Origen y autor

Estados Unidos. Un naturópata de Hawái, Stanley Burroughs, creó esta dieta, que lo hizo famoso, basada en el consumo de sirope de savia y limonada. En su libro *The Master Cleanser* («La depuración general») expuso sus teorías. La Corte Suprema de California lo llevó a juicio en 1984 por la muerte de uno de sus pacientes y por ejercer la medicina sin tener título universitario.

Pérdida de peso

Sólo con el sirope, 7 kilos. Si se hace un semiayuno, 4 kilos.

Durante cuánto tiempo

Hasta diez días.

Efecto yoyó

Rápido.

Control médico

Indispensable.

En qué consiste

Se libera al organismo de toxinas al suprimir prácticamente todos los alimentos ajenos al sirope.

En caso de realizar un semiayuno los efectos adversos son menos drásticos.

Contraindicaciones y detractores

- Provoca deficiencias de proteínas, vitaminas y minerales, y tiene un aporte energético muy bajo, insuficiente para el buen funcionamiento del organismo.
- Se adelgaza a expensas de perder líquidos, reservas de proteínas y, en un menor porcentaje, grasa.
- Puede producir halitosis, bajar la tensión arterial, provocar mareos o desmayos, generar cuadros de fatiga, insomnio, etc.

Ventajas

- Rápida pérdida de peso.

Qué comer

Ayuno
Infusiones y una bebida de zumo de limón con sirope de savia. La fórmula es: 2 litros de agua mineral, 15 cucharadas de sirope de savia, el zumo de 4 o 5 limones y una pizca de cayena picante.

Semiayuno
Realizará un desayuno y una comida hipocalórica, y sustituirá la cena por dos o tres vasos del preparado de sirope.

Cómo se hace

Ayuno
Durante los 10 días que dura la dieta, sólo hay que tomar el preparado de sirope de savia. Se debe beber un vaso (200 ml) cada

dos horas, es decir, unos ocho al día. Además, se pueden tomar agua e infusiones sin azúcar.

Antes y después de la cura, debe hacerse una transición alimentaria de 2 a 3 días con infusiones depurativas (té verde, cola de caballo, boldo, tomillo, etc.), fruta y zumos de fruta, caldos vegetales y verduras hervidas o al vapor, y luego hay que seguir las pautas correctas de nutrición.

Menú tipo

Ayuno
Desayuno, media mañana, comida, merienda, cena y otras colaciones: infusiones y preparado de sirope de savia.

Semiayuno
En el desayuno y la comida deberá incluir exclusivamente infusiones y caldos vegetales, ensaladas y verduras crudas o cocidas, dos piezas de fruta, pollo sin piel ni grasa y pescado a la plancha. Para cenar tomará dos o tres vasos de sirope.

El producto

El sirope de savia es un extracto de los arces de los bosques de Canadá. Contiene calcio, cinc, manganeso y hierro. Para lograr 1 litro de este producto, es preciso que el árbol destile unos 50.

Dieta de la soja

> El vegetal hecho carne

Origen y autor

Desconocido. Esta dieta surgió en la década de 1990, cuando en Occidente se produjo un auge del cultivo de la soja para consumo humano. Hasta inicios del siglo XX, sólo se producía en China, Taiwán, Corea, Japón y Vietnam.

El primer impulsor de su «exportación» a Occidente fue el estadounidense George Washington Carver, quien la estudió y la incorporó activamente en su dieta.

A partir de la década de 1970, y sobre todo en la de 1990, se empezaron a dedicar extensas áreas del medio oeste de Estados Unidos y de varios países sudamericanos al cultivo de la soja, en detrimento de cereales como el trigo o el maíz.

Pérdida de peso

1,5 kilos por semana.

Durante cuánto tiempo

Dos semanas.

Efecto yoyó

Moderado.

Control médico

Rutinario.

En qué consiste

Deben sustituirse completamente los alimentos calóricos y/o grasos por la soja.

Contraindicaciones y detractores

- Es una dieta que no aporta todos los nutrientes que el cuerpo necesita para su funcionamiento normal.
- Algunos de sus ingredientes son difíciles de conseguir.

Ventajas

- La soja parece aportar muchos beneficios para la salud, ayuda a proteger contra el cáncer de mama y el de próstata, reduce los síntomas de la menopausia, además de disminuir el riesgo de enfermedades cardiacas y de osteoporosis.
- La soja contiene una gran cantidad de proteínas vegetales, ideales para quienes no pueden o no quieren tomar proteínas animales.

Qué comer

Además de brotes de soja, carne de soja (puede comprarla en tiendas de dietética o elaborarla en casa con harina de soja) o salsa de soja, muchas verduras y frutas, lácteos desnatados y cereales integrales.

Cómo se hace

Tal y como ya hemos indicado, puede seguirla durante dos semanas, pero para repetirla, siempre tras un descanso, es preciso solicitar el consejo médico.

Menú tipo

Desayuno
Café o té solo o con leche desnatada y dos tostadas de pan integral con queso dietético.

Media mañana
Un pomelo entero o en zumo.

Comida
Ensalada variada de tomate con otras verduras y queso dietético, una porción de carne de soja al horno y fruta.

Merienda
Un yogur desnatado con cereales.

Cena
Sopa vegetal con arroz integral, ensalada de brotes frescos de soja con canónigos, rúcula, endivias, cebolletas, corazón de apio, zanahoria rallada y huevo duro. De postre, una naranja.

Dieta de la sopa mágica

Prodigio hecho caldo

Origen y autor

Estados Unidos. Aparentemente, la llamada «sopa mágica» surgió en el Sacred Heart Memorial Hospital, de Florida, como prescripción para aquellos pacientes con exceso de peso que iban a ser operados y debían adelgazar rápidamente antes de la intervención.

Pérdida de peso

De 4 a 5 kilos en siete días.

Durante cuánto tiempo

Una semana.

Efecto yoyó

Rápido.

Control médico

Necesario.

En qué consiste

Debe prepararse y consumirse una sopa de características depurativas y desintoxicantes, y asociarla a una dieta hipocalórica muy baja en grasas y sin hidratos de carbono de absorción rápida.

Contraindicaciones y detractores

- No deben seguirla personas con diabetes, ni aquellas que tengan insuficiencia renal crónica.
- La Federación Española de Nutrición indica que se trata de una dieta hipocalórica desequilibrada en nutrientes.
- No debe seguirse durante más de una semana ni repetirse antes de tres meses; en dicho caso, debe efectuarse una consulta médica.

Ventajas

- Favorece la limpieza de todo el organismo.
- Genera una sensación de saciedad gracias a que la sopa puede tomarse sin restricción.

Qué comer

Básicamente tomará la sopa y la acompañará con los alimentos indicados. Para hacer la sopa, siga estas instrucciones:

- Lave y corte dos pimientos verdes grandes, seis cebollas, un ramillete de apio, un kilo de tomates pelados y un repollo grande.
- Hierva a fuego lento en agua con sal.
- Puede tomar la sopa en puré o colada.

Cómo se hace

Debe consumir la sopa en todas las comidas, y si pasa hambre, también como tentempié. Además, para evitar la deshidratación, es importante beber dos vasos de agua a media mañana y a media tarde y dos más acompañando las comidas. El café y el té no están permitidos, pero sí las infusiones.

Cada día se come sólo uno o dos tipos de los siguientes alimentos:

- el primer día: sopa y fruta;
- el segundo: verduras y sopa;
- el tercero: sopa, verduras y frutas;
- el cuarto: sopa, plátanos y leche desnatada;
- el quinto: sopa, carne y tomates;
- el sexto: sopa, pescado o pollo y verduras;
- el séptimo: sopa, arroz integral, verduras y zumos de fruta.

Menú tipo

Desayuno y merienda
Sopa y una infusión.

Media mañana y media tarde
Sopa y dos vasos de agua.

Comida y cena
Sopa, acelgas, col o espinacas hervidas, y una infusión.

Dieta South Beach

▶ Cuerpo de playa

Origen y autor

Estados Unidos. El Dr. Arthur S. Agatston, un cardiólogo que trabajaba en el Hospital Monte Sinaí, en el sur de Florida, comenzó, a finales de la década de 1990, a diseñar dietas para sus pacientes con obesidad. Al observar los buenos resultados, en 2003 se decidió a verter sus conocimientos en un volumen que tituló *La dieta South Beach. Una dieta apetitosa, diseñada por un médico y que asegura un adelgazamiento rápido y saludable*, que resultó un *best seller* y le llevó a publicar otros libros, como una versión reducida del anterior y una recopilación de recetas que facilita el seguimiento de su dieta.

Su régimen ha sido seguido por celebridades tan conocidas como Hillary Clinton.

Pérdida de peso

Entre 4 y 6 kilos durante la primera fase (dos semanas); hasta 2 kilos por semana en la segunda etapa, mientras que la tercera es de mantenimiento.

Durante cuánto tiempo

La primera fase sólo puede seguirse durante 14 días. La segunda, hasta alcanzar el peso ideal.

Efecto yoyó

Moderado.

Control médico
Rutinario.

En qué consiste

Es una dieta que echa la culpa al azúcar en la sangre de ser la causa de la obesidad. Los carbohidratos simples (azúcares) afectan el nivel de insulina en la sangre y crean un círculo vicioso que nos hace sentir hambre y deseos de consumir más carbohidratos simples, por lo que comemos más y engordamos.

Por ello, es una dieta baja en carbohidratos refinados y que se basa en el índice glucémico, un sistema de clasificación de carbohidratos que analiza los niveles de glucosa en la sangre tras ingerir cada alimento.

Contraindicaciones y detractores

- No hay ninguna evidencia científica de que comer alimentos con un índice glucémico bajo ayude más a reducir el peso que una dieta hipocalórica.
- La primera fase limita excesivamente la ingesta de carbohidratos y puede no ser aconsejable para todas aquellas personas que tengan algún trastorno metabólico o que practiquen algún deporte.
- No tiene límites para la ingesta de alimentos con un colesterol alto y puede ser perjudicial para personas con problemas cardiovasculares.

Ventajas

- La drástica reducción de carbohidratos permite bajar de peso muy rápidamente durante la primera fase.

Qué comer

Fundamentalmente, carnes magras, pollo, pescado (azul y blanco), huevos, lácteos desnatados, nueces, la mayoría de los vegetales, edulcorantes artificiales.

Cómo se hace

Tal y como hemos comentado anteriormente, esta dieta consta de tres fases, y cada una tiene un objetivo específico, unas listas de alimentos que pueden consumirse y una serie de prohibiciones.

1.ª fase

Se comen porciones generosas de proteínas, vegetales, grasas saludables y leche. A lo largo de esta fase deben realizarse cinco comidas diarias, sin regulaciones estrictas en el tamaño de las porciones. Durante esta fase no se come pan, azúcar, arroz, frutas o zumos de frutas.

2.ª fase

Los hidratos de carbono «buenos» (frutas, pan, pasta y arroz integral, etc.) se incorporan poco a poco en la dieta. Se inicia con la introducción de los cereales en el desayuno y de una pieza de fruta en la merienda. Se sigue perdiendo peso, pero de forma más lenta y equilibrada.

3.ª fase

Comienza cuando se alcanza el peso ideal. Se trata de una continuación de los hábitos alimenticios que se han desarrollado. Si se recupera algo de peso, se puede realizar la fase 1 durante una semana.

Menú tipo

1.ª fase
Desayuno
Café o té con leche desnatada, revuelto de huevo con queso fresco y rodajas de tomate.

Media mañana
Un yogur desnatado.

Comida
Pimientos y berenjenas asadas rellenos con carne picada.

Merienda
1 yogur desnatado.

Cena
Verduras a la plancha y filete de ternera.

2.ª fase
Desayuno
Cereales, té o café con leche desnatada y edulcorante.

Media mañana
Yogur desnatado.

Comida
Pollo a la plancha con arroz o pasta y una ensalada de tomate y pepinos.

Merienda
Una pieza de fruta.

Cena
Bistec, ensalada con lechuga, tomate, espárragos y aceite de oliva, más un yogur.

3.ª fase
Desayuno
Café o té con leche desnatada, zumo de naranja y tostada con queso dietético.

Comida
Pechuga de pollo con verduras al vapor, más una pieza de fruta a elección.

Cena
Pescado a la plancha con ensalada de arroz y tomate, más una pieza de fruta a elección.

Dieta Stillman

Más por menos

Origen y autor

Estados Unidos. El médico de familia Irwin Maxwell Stillman trabajó durante 45 años y atendió a más de 10 000 pacientes con exceso de peso. Su labor le llevó a indagar en diferentes métodos de adelgazamiento y halló la dieta que lo hizo famoso. Stillman murió a los 79 años de un paro cardiaco.

Pérdida de peso

3 kilos por semana.

Durante cuánto tiempo

14 días.

Efecto yoyó

Rápido.

Control médico

Imprescindible.

En qué consiste

Esta dieta pertenece a las llamadas *cetógenas*, dado que se consumen grandes cantidades de proteínas y un mínimo de carbohidratos. Considera que la ingestión de azúcar o de cualquier hidrato de carbono es lo que provoca el aumento de peso. El organismo, al no disponer de este nutriente para obtener energía, empieza a quemar las grasas por una ruta metabólica particular y produce los llamados *cuerpos cetónicos*, que se utilizarán como fuente energética a falta de los hidratos de carbono.

Contraindicaciones y detractores

- Es una dieta muy desequilibrada.
- Puede aumentar el riesgo cardiovascular por el consumo excesivo de grasas o la sobrecarga del riñón por el alto consumo de proteínas.
- Provoca halitosis y acetona.
- Produce estreñimiento, aumento del colesterol e incremento de los niveles de ácido úrico.

Ventajas

- Rápido descenso de peso.

Qué comer

Carnes magras asadas, hervidas o ahumadas, pollo y pavo sin piel, pescados no grasos y mariscos, huevos duros o escalfados, lácteos desnatados. El café y el té están permitidos, siempre que se tomen sin azúcar, leche o nata. No puede usarse nada de mantequilla, margarina, aceite u otras grasas.

Cómo se hace

Puede comer hasta seis veces al día todos los alimentos permitidos hasta que se sacie. El resto es intocable. Además de las infusiones y caldos, hay que beber dos litros de agua al día.

Menú tipo

Desayuno
Café o té, revuelto de una yema de huevo con dos claras al baño María. Puede enriquecer el revoltillo con perejil y ajo picado, comino o un poco de albahaca.

Comida
Pechuga de pollo o de pavo a la plancha aderezada con hierbas, especias y limón.

Merienda
Un yogur desnatado.

Cena
Rape al vapor o a la papillote con pimentón y gambas trituradas, y una ensalada verde.

Dieta del suero de leche

························▶ Suero y más suero

Origen y autor

Pese a que se desconoce el autor de esta dieta, las propiedades del suero de leche fueron descubiertas y descritas por los padres de la medicina, Hipócrates (Grecia, 460-370 a. de C.) y Galeno (Grecia, 130-200 d. de C), los cuales recomendaban tomar regularmente suero de leche por sus propiedades depurativas y desintoxicantes.

Más tarde, en el siglo XVIII, incluso se abrieron centros de salud especializados en las curas a base de suero de leche, que perduró en zonas geográficas con una arraigada cultura de lecherías y queserías, como Suiza y Alemania.

Actualmente, el suero de leche obtenido a partir del kéfir (leche fermentada artificialmente y que contiene alcohol y ácidos láctico y carbónico, con una textura espesa y un sabor algo amargo) es consumido por la población del Cáucaso de forma habitual, ya que se considera un alimento natural y saludable.

Pérdida de peso

Hasta 5 kilos en una semana.

Durante cuánto tiempo

Seis días como máximo.

Efecto yoyó

Rápido.

Control médico

Indispensable.

En qué consiste

El suero (que se obtiene de la coagulación de la leche) regula, gracias a sus altos contenidos de vitaminas, proteínas y sales minerales, el funcionamiento del páncreas y mejora el metabolismo de las grasas. Así, favorece la movilización del tejido graso como fuente alternativa de energía y de esa manera se logra bajar de peso.

Contraindicaciones y detractores

- Las personas que sufren de intolerancia a la lactosa no pueden seguir esta dieta.
- Al ser una monodieta, es desequilibrada y no aporta todos los nutrientes recomendados por la OMS.

Ventajas

- El suero de leche tiene un aporte calórico muy bajo.
- Normaliza el funcionamiento digestivo y regenera la flora intestinal.

Qué comer

Sólo suero de leche en polvo y agua. Este suero se obtiene en el proceso de elaboración del queso: los ácidos lácticos producen la coagulación de la leche, y en ese proceso se separa un líquido concentrado de proteínas, rico en sales minerales, aminoácidos y vitaminas. El preparado que tomará contiene de 25 a 30 g de suero por cada 250 ml de agua mineral. El polvo se compra en herboristerías y centros dietéticos.

Cómo se hace

Debe tomar siete vasos diarios del preparado durante seis días. Al acabar la fase, se aconseja realizar una dieta progresiva, en la que incorpore poco a poco zumos de frutas y verduras y, en los días siguientes, el resto de alimentos.

Menú tipo

Desayuno
Un vaso de suero de leche (250 ml de agua con 25-30 g de polvo de suero).

Media mañana
Un vaso de suero de leche.

Comida
Dos vasos de suero de leche ingeridos con un intervalo de 15 minutos.

Merienda
Un vaso de suero de leche.

Cena
Dos vasos de suero de leche ingeridos con un intervalo de 15 minutos.

Dieta del té rojo

▶ La infusión devoragrasas

Origen y autor

China. El té rojo, o Pu Erh, fue la infusión por excelencia de los emperadores de la antigua China.

Se elabora mediante un largo proceso de fermentación que puede llegar a alcanzar los dos años en las calidades más bajas y hasta 50 o 60 en las más elevadas. Hace siglos que los chinos consideran que contiene propiedades muy beneficiosas para la salud, por lo que se utiliza en la medicina tradicional china.

Actualmente se comercializa no sólo como infusión, sino también en cápsulas y comprimidos.

Pérdida de peso

3 kilos.

Durante cuánto tiempo

Cinco días.

Efecto yoyó

Rápido.

Control médico

Necesario.

En qué consiste

Su efecto adelgazante se basa en su capacidad para acelerar el metabolismo basal y el de las grasas. El té rojo sirve de apoyo para una dieta centrada en restringir las proteínas y consumir hidratos de carbono.

Contraindicaciones y detractores

- Esta dieta es muy baja en proteínas.
- El té puede interferir en la absorción de hierro; por lo tanto, no deberían llevar a cabo esta dieta las personas con anemia.
- Tampoco deben seguirla quienes padezcan alteraciones del ritmo cardiaco, ni situaciones de insomnio o estrés.

Ventajas

- El té rojo ayuda a degradar las grasas y estimula las glándulas salivales, por lo que beneficia la digestión de los alimentos.
- Podrá adelgazar rápido y sin mucho esfuerzo.

Qué comer

Además de té rojo, hidratos de carbono como arroz, pasta y pan integrales y vegetales, junto con un consumo restringido de proteínas a base de pescado y huevos.

Los alimentos no permitidos son: azúcar, carnes, dulces, grasas, lácteos, plátanos, higos y uvas.

Cómo se hace

Es imprescindible beber cuatro tazas de té rojo al día. Las verduras deben tomarse crudas, a la plancha, hervidas o al vapor.

Menú tipo

Desayuno
Una taza de té rojo, zumo de naranja o una pieza de fruta, más una tostada de pan integral con mermelada dietética.

Comida
Ensalada de arroz y verduras crudas, una fruta a elección y una taza de té rojo.

Merienda
Una taza de té rojo.

Cena
Ensalada de pasta o legumbres con verduras u hortalizas, o bien pescado con ensalada. Una fruta a elección y una taza de té rojo.

Dieta que tiene en cuenta el grupo sanguíneo
> Cuestión de sangre

Origen y autor

Estados Unidos. En la década de 1950, el naturópata James D´Adamo (padre de Peter D'Adamo, creador de la dieta) comenzó a investigar por qué las dietas vegetarianas que daba a sus pacientes no tenían los mismos efectos en todos ellos.

Durante años, analizó la sangre de cada uno de ellos y estableció que el tipo de alimentación debía estar relacionado con los distintos grupos sanguíneos. En 1980 publicó sus conclusiones en el libro *One Man´s Food* («El alimento de un hombre»). Su hijo Peter, también naturópata, profundizó en las investigaciones de su padre y concluyó que el grupo sanguíneo predispone a distintas apetencias alimenticias y a padecer algunas enfermedades.

Pérdida de peso

De 3 a 5 kilos en un mes.

Durante cuánto tiempo

No más de 30 días.

Efecto yoyó

Lento.

Control médico

Necesario.

En qué consiste

Esta dieta se sustenta en la teoría de que toleramos mejor unos alimentos que otros según nuestro grupo sanguíneo (A, B, AB y 0), por lo que si seguimos regularmente una dieta que nuestro organismo asimila bien, podemos bajar de peso y evitar determinadas enfermedades.

Contraindicaciones y detractores

- No es una dieta equilibrada.
- Las personas que tienen algún tipo de alergia alimentaria sólo deberían hacerla bajo supervisión médica.
- No existe una relación científicamente comprobada entre el tipo de sangre y la utilización de tejido graso.
- La prohibición de alimentos hace que la dieta esté asociada con sensaciones de hambre e induce a la pérdida de músculo en vez de grasa.
- No es una dieta apta para vegetarianos que sean del grupo 0, ya que les obliga a comer carne.
- Es difícil de seguir.

Ventajas

- Estructura su alimentación al explicarle qué puede y qué no puede comer.

Qué comer

- Si es del grupo sanguíneo 0, su organismo está adaptado a una dieta rica en proteínas animales y vegetales. Los productos más perjudiciales en este caso serían principalmente las legumbres y los cereales.

- Para el grupo A, se aconsejan legumbres, verduras y cereales. Respecto a los alimentos animales, es mejor tomar pescados y evitar las carnes.
- Si es del grupo B, tolera los lácteos en general y no le perjudica tomar carnes y pescados, aunque debe evitar el consumo de legumbres.
- El grupo AB puede permitirse una dieta más variada, sin abusar de las carnes.

Cómo se hace

Según si es 0, A, B o AB, debe dejar de comer ciertos alimentos y concentrarse en ingerir únicamente los que están indicados para su grupo.

Menú tipo

GRUPO 0
Desayuno y merienda
Zumo de piña, dos lonchas de jamón y 50 g de queso *mozzarella*.

Comida y cena
Verduras (brócoli, col, calabaza, espinacas, cebolla) y frutos secos (un puñado), o bien un bistec (150 g) con verduras hervidas.

GRUPO A
Desayuno y merienda
250 ml de leche desnatada y una macedonia de frutas o un zumo de fresas.

Comida y cena
Salmón a la plancha con verduras, o bien lentejas con cebolla.

GRUPO B
Desayuno y merienda
Un yogur desnatado y un zumo de piña, o bien té verde y 50 g de queso de oveja.

Comida y cena
Un bistec (150 g) con un revuelto de setas, o bien berenjena al horno gratinada.

GRUPO AB
Desayuno y merienda
Una infusión, 50 g de queso de cabra y una tostada de pan integral.

Comida y cena
Cuscús con hortalizas y vegetales, o bien merluza a la plancha con ensalada verde.

Dieta del tomate

▶ La dieta más roja

Origen y autor

Desconocido. El tomate es originario de México y fue traído a España por Hernán Cortés en 1523. Sin embargo, durante años no se consideró un alimento, sino que más bien era un ornamento que lucía en las ventanas y los patios andaluces. Fueron los italianos y los franceses quienes lo incorporaron a la cocina. Actualmente, los mayores productores de tomate son China, Estados Unidos e India.

Pérdida de peso

1 kilo al día.

Durante cuánto tiempo

Hasta tres días.

Efecto yoyó

Rápido.

Control médico

Necesario.

En qué consiste

Debe depurarse el organismo a través de una dieta basada en el poder antioxidante del tomate (capaz de estimular la eliminación de las toxinas acumuladas en el cuerpo) y en una baja ingesta de calorías.

Contraindicaciones y detractores

- Está desaconsejada para diabéticos dependientes de la insulina, personas con problemas de cálculos de vesícula o renales y aquellas que padecen enfermedades infecciosas o degenerativas.

Ventajas

- El poder antioxidante del tomate hace que esta dieta esté indicada para fumadores y personas que suelen tomar mucho café.
- Por su efecto depurador, puede ser útil contra la celulitis.

Qué comer

Básicamente, tomate crudo o cocido.

Cómo se hace

No debe durar más de tres días. Se deben beber al menos 2 litros de agua diarios y realizar ejercicios suaves. Para picar entre horas, se puede hacer un licuado de una zanahoria, medio tomate, medio limón y agua.

Menú tipo

Desayuno
Debe comenzar por un licuado de tomates frescos con un poco de menta. Luego, dos tomates al horno condimentados con hierbas aromáticas.

Comida
Ensalada de dos tomates, escarola y pepino, aderezada con una cucharadita de aceite de oliva, sal y limón.

Merienda
Licuado de tomates frescos con tomillo u orégano.

Cena
Dos tomates al horno rellenos de verduras cocidas acompañadas de ensalada y licuado de tomates.

A cada tomate su uso

- En rama: es pequeño, duro y de piel fina. Se conserva fresco durante largo tiempo.
- De pera: óptimo para elaborar salsas y conservas. Tiene un sabor y aroma intensos.
- Canario: dulce, muy rojo y redondo, es excelente tanto cocinado como crudo.
- *Cherry*: decorativo, de sabor y aroma afrutado, ideal para adornar todo tipo de platos.
- Verde: bajo su tenue color, esconde una dura y sabrosa pulpa, muy valorada en todo tipo de ensaladas.
- Montserrat: debe su nombre a su aspecto lobuloso, que semeja los suaves picos de las citadas montañas. Es un tomate aromático y exquisito si se come crudo.
- *Raf*: parecido al Montserrat, pero con un tamaño menor y una mayor cantidad de pulpa; este tomate también resulta ideal para las ensaladas.

Cómo pelar un tomate

Hágale un corte en la base, en forma de cruz, y sumérjalo unos instantes en agua muy caliente. Una vez que la piel comience a desprenderse, refrésquelo con agua fría. Si quiere utilizarlo en salsa, elimine la piel, ya que suele darle un toque amargo; el agua, que le quita sabor, y las pepitas, que interfieren en la suavidad de la salsa.

Dieta de la uva

·········➤ Una monodieta desintoxicante

Origen y autor

Estados Unidos. Johanna Brandt, una naturópata de origen sudafricano, publicó en 1929 el libro *La cura de la uva*, después de haber sentido, como ella misma expresó, una «iluminación divina», según la cual el consumo de uvas podía curar casi todas las enfermedades, incluido el cáncer. Antes que ella, muchas civilizaciones utilizaron las uvas por sus propiedades saludables.

Pérdida de peso

Hasta un kilo por día.

Durante cuánto tiempo

Hasta cuatro días.

Efecto yoyó

Rápido.

Control médico

Necesario.

En qué consiste

Se hace un semiayuno con una dieta diurética que resulta depurativa y hace perder líquido y, por lo tanto, peso.

Contraindicaciones y detractores

- Es aburrida.
- Resulta desequilibrada, no posee todos los nutrientes necesarios para el correcto funcionamiento del organismo y carece de cualquier base científica.
- Puede producir trastornos digestivos.
- Los diabéticos no deben seguirla.

Ventajas

- Tiene un alto contenido en potasio.
- Ayuda a evitar la retención de líquidos.
- La piel de la uva contiene taninos (un antioxidante natural) y sustancias con una acción estimulante de la circulación que contribuyen a mejorar la oxigenación de las células del cuerpo.
- La uva contiene un tipo especial de glucosa que facilita el drenaje de las toxinas hepáticas.

Qué comer

Hasta dos kilos de uva al día.

Cómo se hace

Durante los días que siga la dieta, debe comer uvas, de cualquier tipo y color, con piel y pepitas. Dos veces al día ha de ingerir un caldo vegetal sin sal. También puede tomar infusiones sin azúcar.

Menú tipo

Desayuno, comida, merienda y cena
Uvas e infusión.

Zumo natural de uvas

Se obtiene mediante la presión de la uva sin fermentar. Debido a su alto contenido en sales minerales y vitaminas, es un alimento excelente en situaciones de desgaste. En las pepitas de la uva se concentra un aceite rico en ácidos grasos esenciales, con propiedades suavizantes e hidratantes, y cuya misión es reforzar la protección de la barrera cutánea.

Dicen que el único alimento que tomaba Mahatma Gandhi durante sus prolongados ayunos era mosto de uva.

Tratamientos de belleza a base de uva

Pieles grasas: triture uva blanca, con la piel y las semillas, junto a cinco almendras crudas, extienda la pasta sobre el rostro y déjela actuar durante 20 minutos.

Contra las arrugas: cúbralas con el zumo de la uva mezclado con una cucharada de miel y déjelo actuar 10 minutos.

Piel seca: triture 20 uvas blancas enteras, junto a un yogur natural y una yema de huevo. Aplique sobre su rostro la crema resultante y, una vez trascurridos 15 minutos, retírela con una infusión cargada de manzanilla.

Dieta de las verduras crudas

El arte de los carpaccios

Origen y autor

Desconocido. Esta dieta pertenece a la corriente del vegetarianismo. Aunque admite el consumo de huevos y lácteos, es estricta en cuanto a la indicación de no cocinar el resto de alimentos para mantener intactas todas sus propiedades.

Pérdida de peso

De 4 a 5 kilos.

Durante cuánto tiempo

Una semana.

Efecto yoyó

Rápido.

Control médico

Necesario.

En qué consiste

La dieta vegetariana «crudívora» aporta una gran cantidad de fibra que ayuda a eliminar toxinas y a perder peso, además de no contener grasas. Al ser una dieta hipocalórica, permite adelgazar rápidamente.

Contraindicaciones y detractores

- Es una dieta desequilibrada que no debe seguirse durante más tiempo que el indicado, ya que podría generar importantes carencias nutricionales.
- Puede ocasionar trastornos gástricos.

Ventajas

- Las frutas y verduras aportan una gran cantidad de nutrientes de alto valor biológico.
- Es una dieta depurativa que, además, ayuda a bajar de peso rápidamente.

Qué comer

Frutas y verduras que no necesiten cocción para ser consumidas. Por ejemplo, tomates, pepinos, apio, zanahorias, remolacha, berros, puntas de espárragos trigueros, cebollas, rabanitos, habitas tiernas, guisantes, espinacas, col blanca, lombarda y rizada rallada, achicoria, lechuga, escarola, endibias, cogollos, pimientos verdes y rojos, champiñones y otras setas cortados a láminas muy finas, corazones de alcachofa, puerros y nabos cortados de la misma manera y condimentados con limón.

Durante los días que realice la dieta también puede tomar lácteos desnatados y huevos.

Cómo se hace

Puede comer toda la cantidad que quiera de frutas y verduras crudas y, en cantidades más moderadas, el resto de alimentos. Es recomendable hacer esta dieta en verano.

Menú tipo

Desayuno
Café, té o infusión, un yogur desnatado y frutas del tiempo.

Media mañana
Fruta con queso dietético.

Comida
Verduras crudas aliñadas con una cucharada de aceite de oliva y limón, una taza de brotes de soja y un huevo duro, además de una fruta a elección.

Merienda
Café o té, una tostada con queso dietético y una pieza de fruta a elección.

Cena
Ensalada verde, tomates con ajo y perejil y una rebanada de pan integral. De postre, un yogur.

ments
Dieta Weight Watchers

▶ Comer por puntos

Origen y autor

Estados Unidos. Jean Nidetch creó esta dieta en 1963. Esta ama de casa, devenida en dietista, pesaba 97 kilos cuando comenzó a reunirse con otras personas con sobrepeso para animarse mutuamente en sus esfuerzos por adelgazar.

Por sus grupos de autoayuda, especialmente presentes en Estados Unidos, han pasado más de 30 millones de personas. Hoy en día, cada semana tienen lugar unas 46 000 reuniones en unos 30 países diferentes. La dieta está presente en España desde el año 2000.

Pérdida de peso

Es una dieta de acción lenta, ya que suele perderse 1/2 kilo por semana.

Durante cuánto tiempo

Un mes, y hay que tener mucha fuerza de voluntad, porque el proceso es más bien lento.

Efecto yoyó

Lento.

Control médico

Rutinario.

En qué consiste

Se trata de un sistema de puntos. La dieta se basa en conocer los puntos asignados a cada alimento y combinarlos para no sobrepasar una cantidad máxima de puntos por día.

Contraindicaciones y detractores

- Genera cierta incomodidad, pues hay que tener en cuenta la tabla de puntos cada vez que se va a comer.
- La pérdida de peso es muy lenta, lo que hace más difícil seguirla durante mucho tiempo.

Ventajas

- Es equilibrada, pues sigue las pautas de la nutrición tradicional.
- No es aburrida, pues cada persona elabora el menú según sus gustos.

Qué comer

En la suma de los puntos de los alimentos consumidos a lo largo del día debe haber un 25% de proteínas, un 40% de carbohidratos y un 35% de grasas.

Las mujeres pueden ingerir sólo hasta 1200 calorías diarias, mientras que los hombres tienen permitido llegar a las 1600.

Cómo se hace

Un nutricionista de la empresa Weight Watchers («vigilantes del peso») debe establecer cuántos puntos puede consumir cada persona. Nunca debe saltarse una comida y siempre ha de respetar las cantidades estipuladas. Se puede beber toda el agua que se desee.

¿Cómo calcular los puntos?

Sexo
- Mujer: 7 puntos.
- Hombre: 15 puntos.

Edad
- 18-20 = 5 puntos.
- 21-35 = 4 puntos.
- 36-50 = 3 puntos.
- 51-65 = 2 puntos.
- Más de 65 = 1 punto.

Peso
- Se toma la decena del peso como base de puntos. Una persona de 72 kilos tendrá 7 puntos. Si pesa 93, tendrá 9.

Altura
- 1,60 o menos = 1 punto.
- 1,61 o más = 2 puntos.

Actividad
- Sedentaria: 0 puntos.
- Sentada a ratos: 2 puntos.
- Principalmente caminando o en pie: 4 puntos.
- De esfuerzo físico: 6 puntos.

La suma de estos puntos le indicará si debe llevar a cabo la dieta. Eso sí, debe iniciarla con un mínimo de 17.

Orientación sobre los puntos

Claves de medidas
- cd: cucharada
- ct: cucharadita

- g: gramo
- porc: porción
- pq: pequeña
- u: unidad

Aderezo
- Especias y hierbas aromáticas: 0 puntos.
- Mostaza común: 0 puntos.

Hasta 3 al día
- Queso rallado (de todo tipo), 1 ct: 0 puntos.
- Uvas pasas, 1 ct: 0 puntos.
- Yogur natural desnatado, 1 ct: 0 puntos.
- Yogur natural entero, 1 ct: 0 puntos.

Bebidas alcohólicas
- Cerveza, una lata de 330 ml: 2 puntos.
- Clara (es decir, cerveza y limonada), una lata de 330 ml: 2,5 puntos.
- Vino blanco, rosado o tinto, una copa de 120 ml: 1,5 puntos.

Bebidas sin alcohol
- Agua con y sin gas: 0 puntos.
- Bebidas isotónicas, una lata de 330 ml: 2 puntos.
- Café molido, 2 ct (8 g): 0 puntos.
- Gaseosa, un vaso de 200 ml: 0 puntos.
- Refrescos *light*: 0 puntos.
- Refrescos de sabor cola que tenga gas, una lata de 330 ml: 2 puntos.

Bollería, galletas y pastelería
- Bollo tipo donut de chocolate, una unidad (60 g): 7 puntos.
- Churros, 4 unidades (70 g): 6,5 puntos.

- Cruasán de panadería, una unidad (40 g): 3,5 puntos.
- Galletas con chocolate, una galleta (12 g): 1,5 puntos.

Carnes, aves, charcutería y huevos
Carnes
- Bacón ahumado, 2 lonchas (40 g): 3 puntos.
- Carne de cerdo (promedio), una porción (120 g): 8 puntos.
- Carne de ternera (promedio), una porción (120 g): 5 puntos.
- Chuleta de cerdo a la plancha, una chuleta (145 g): 8 puntos.
- Conejo, una porción (120 g): 4 puntos.
- Hamburguesa de ternera, una unidad (100 g): 5 puntos.
- Salchicha de Frankfurt, una pieza (30 g): 2,5 puntos.

Aves
- Pechuga de pavo a la plancha (120 g): 3 puntos.
- Pechuga de pollo sin piel (160 g): 3,5 puntos.

Huevos
- Huevo de gallina mediano, una unidad (70 g): 2,5 puntos.

Cereales, arroz y maíz
- Arroz blanco crudo (de todo tipo), una porción (30 g): 1,5 puntos.
- Arroz blanco hervido, 6 cd (120 g): 2,5 puntos.
- Avena en copos (30 g): 2 puntos.
- Barra de cereales con avellana, una barrita (20 g): 2 puntos.
- Cereales con chocolate para desayunar 6 cd (30 g): 2 puntos.

Frutas
- Aguacate (200 g): 8 puntos.
- Albaricoque (100 g): 0 puntos.
- Ciruelas con piel (100 g): 1 punto.
- Frambuesa (100 g): 0 puntos.
- Kiwi (100 g): 0 puntos.

- Mandarina (100 g): 0 puntos.
- Manzana (100 g): 0 puntos.
- Mermelada con azúcar, 1 cd (30 g): 1 punto.
- Pera con piel (100 g): 0 puntos.

Frutos secos
- Almendras, 5 unidades (10 g): 1,5 puntos.
- Nuez (15 g): 2,5 puntos.

Hortalizas y verduras
- Las verduras no contabilizan puntos, tanto si se consumen crudas como cocidas.

Leche y productos lácteos
- Leche desnatada pasteurizada (200 ml): 1 punto.
- Queso blanco 0 %, una porción (50 g): 0,5 puntos.
- Queso blanco 20 %, una porción (50 g): 1 punto.
- Yogur desnatado natural (125 g): 1 punto.
- Yogur griego (125 g): 4 puntos.

Legumbres, féculas y pasta
- Boniato (120 g): 2 puntos.
- Guisantes hervidos (100 g): 1 punto.
- Lentejas, 1 porción (30 g): 1,5 puntos.
- Patatas, 2 piezas pq (100 g): 1 punto.
- Patatas al horno, 2 piezas pq (100 g): 1,5 puntos.
- Patatas hervidas: 2 puntos.

Pastas
- Pasta al huevo cruda (+ 20 % de huevo), una porción (35 g): 2,5 puntos.
- Pasta al huevo hervida, 4 cd (100 g): 2,5 puntos.
- Pasta integral hervida, 4 cd (100 g): 2 puntos.

Materias grasas y aceites
- Aceites (todos), 1 ct (3 ml): 1 punto.
- Mantequilla, 1 ct (5 g): 1 punto.
- Margarina *light*, 2 ct (10 g): 1 punto.
- Nata líquida para cocinar, 1 cd (15 g): 1 punto.

Pan, tostadas y masas
- Pan blanco de barra, una porción (30 g): 1 punto.
- Pan blanco de molde, una rebanada (20 g): 1 punto.
- Pan de pita, un panecillo (50 g): 2 puntos.
- Pan tipo payés, una rebanada (30 g): 1,5 puntos.
- Pan tostado, una rebanada (20 g): 1,5 puntos.

Pescados y mariscos
- Abadejo, una porción (140 g): 2 puntos.
- Anchoas en aceite, 4 filetes (10 g): 0,5 puntos.
- Atún, una porción (140 g): 3,5 puntos.
- Atún enlatado en aceite escurrido, una lata pq: 2 puntos.
- Boquerón, una porción (120 g): 3 puntos.
- Caballa, un filete (80 g): 3,5 puntos.
- Dorada, una porción (140 g): 2 puntos.
- Gamba sin caparazón, una porción (140 g): 2 puntos.
- Merluza, una porción (140 g): 2,5 puntos.
- Mero, una porción (140 g): 7,5 puntos.
- Pulpo, una porción (140 g): 2 puntos.
- Rape, una porción (140 g): 1,5 puntos.
- Salmón, una porción (140 g): 5,5 puntos.
- Sardina a la plancha, una porción (120 g): 5,5 puntos.

Postres lácteos
- Crema catalana, 1 envase (125 g): 3,5 puntos.
- Flan de vainilla, 1 envase (110 g): 2 puntos.
- Natillas comerciales, 1 envase (125 g): 3,5 puntos.

Quesos
- *Brie*, una porción (30 g): 2,5 puntos.
- Fresco tipo Burgos, 1 porción (30 g): 1,5 puntos.
- *Gouda*, una porción (30 g): 2,5 puntos.
- Idiazábal, una porción (30 g): 3,5 puntos.
- Parmesano, una porción (30 g): 2,5 puntos.
- Queso de cabra curado, una porción (30 g): 3,5 puntos.

Sopas, caldos y cremas
- Caldo vegetal, un plato (250 ml): 0 puntos.
- Sopa de verduras, un plato (250 ml): 2 puntos.

Menú tipo

Desayuno
Té o café descafeinado, una pieza de fruta con un yogur desnatado y 30 g de cereales con 120 ml de leche desnatada.

Comida y cena
Carne, pollo o pescado a la plancha (120 g), con 200 g de legumbres u hortalizas cocidas condimentadas con una cucharada de aceite de oliva o mayonesa.

Merienda
Té o café descafeinado con 100 ml de leche desnatada, más dos tostadas con queso curado.

Dieta del yogur

> Calcio para el cuerpo

Origen y autor

Desconocido. El yogur es uno de los alimentos más antiguos y probablemente originario de Asia. En el Imperio Romano también era un alimento muy apreciado, tanto que Plinio el Viejo lo consideraba divino y milagroso. Su máxima popularidad llegó en el siglo XX, cuando el científico Ilia Metchnikov (premio Nobel en 1908) investigó las importantes propiedades alimenticias de dicho producto.

Pérdida de peso

2 kilos en 5 días.

Durante cuánto tiempo

Cinco días.

Efecto yoyó

Rápido.

Control médico

Rutinario.

En qué consiste

En incluir el yogur en la dieta, como un modo de disminuir el consumo calórico y el contenido graso procedende de otros alimentos.

Contraindicaciones y detractores

- Dado su alto contenido en calcio y fósforo, no deben seguirla las personas con un colesterol alto, cálculos renales ni problemas hepáticos.
- Puede producir trastornos digestivos.
- No es una dieta equilibrada.

Ventajas

- El yogur reconstruye la flora intestinal, regula el tránsito intestinal y favorece la absorción de grasas.
- Permite un marcado descenso de peso en pocos días.

Qué comer

Además de yogur, vegetales, frutas, carnes magras, pan y pastas integrales.

Cómo se hace

Para preservar todos los beneficios del yogur, hay que comerlo frío. Si se agrega a la comida, hay que añadirlo cuando ya está cocida y con el fuego apagado.

También hay que beber mucha agua, especialmente antes del desayuno y fuera de las comidas.

Menú tipo

Desayuno
Un café edulcorado y dos yogures desnatados con trozos de fruta del tiempo.

Media mañana
Una infusión y una tostada con queso dietético.

Comida
50 g de arroz hervido aderezado con una salsa de yogur natural y cebollino picado, y mejillones al vapor con salsa de tomate y pimiento.

Merienda
Un yogur desnatado.

Cena
Carne magra o pescado (100 g) y una ensalada verde aderezada con yogur y menta, además de una pieza de fruta.

Dieta de la zona

→ La dieta fetiche de Hollywood

Origen y autor

Estados Unidos. El Dr. Barry Sears, investigador del Instituto Tecnológico de Massachussets y de la Facultad de Medicina de Boston, bioquímico y doctor en Medicina, es un pionero en el campo de la biotecnología y trabajó durante años en la investigación y el desarrollo de medicamentos contra el cáncer y las enfermedades coronarias.

Sus investigaciones para combatir enfermedades como la diabetes o los desarreglos tiroidales le llevaron a concebir en el año 1995 su dieta, que publicó en 40 países y 22 idiomas. Entre sus seguidores más famosos se encuentran Jennifer Aniston, Madonna, Cindy Crawford, Sandra Bullock, Courtney Love, Brad Pitt y Mathew Perry.

Pérdida de peso

Hasta 2 kilos por semana.

Durante cuánto tiempo

Según su creador, puede seguirse durante toda la vida, aunque, debido a la carencia de nutrientes que presenta, no es recomendable hacerla durante más de un mes.

Efecto yoyó

Moderado.

Control médico

Rutinario.

En qué consiste

Hay que equilibrar carbohidratos, proteínas y grasas en cada comida, en una proporción de 40, 30 y 30% respectivamente, para «estar en la zona» del pico de eficiencia energética.

Al ingerir más carbohidratos que proteínas, el cuerpo utiliza la grasa excedente para transformarla en energía diaria, y así se logra que el metabolismo se equilibre y se alcance el peso ideal.

Contraindicaciones y detractores

- Puede resultar monótona, ya que limita el consumo de alimentos tan tradicionales como el pan, el arroz y las patatas. Las formas de cocinar son casi exclusivamente a la plancha, al horno o en el microondas.
- El reto de combinar ciertos alimentos puede ser demasiado complejo.
- La restricción de carbohidratos, incluso de algunos buenos, como los granos enteros, hace difícil seguir la dieta por mucho tiempo.
- No existe ninguna comprobación científica de que la restricción de carbohidratos permita bajar de peso.

Ventajas

- Se potencian las frutas y buena parte de los vegetales.
- Promueve una baja ingesta de grasas saturadas.
- Restringe el consumo de carbohidratos refinados, que son nutricionalmente pobres.

Qué comer

Entre los alimentos recomendados están: frutas, verduras, legumbres, cereales y pastas integrales, tofu, gluten, algas, levadura de cerveza, soja, pollo, pavo, conejo, pescado azul, magro del jamón, leche y yogur fermentados, aceite de oliva, aceitunas, mayonesa.

Los alimentos tabú son: azúcar y harina refinadas, miel, glucosa, patatas, carnes rojas, pescados que no sean azules, leche entera, quesos, mantequilla, margarina, alimentos fritos y congelados.

Cómo se hace

Son cinco comidas al día y no hay que pasar más de cuatro horas sin comer, para evitar que se alteren los niveles de azúcar en la sangre.

Menú tipo

Desayuno
Café o té, una tostada de pan integral con jamón (sin la grasa) y dos yogures desnatados con cereales integrales.

Media mañana
Una pera o manzana, seis almendras o avellanas y un yogur de soja.

Comida
Coliflor y brócoli con una cucharada de aceite de oliva y una fruta.

Merienda
Una barrita de régimen o una fruta.

Cena
Una pechuga de pollo o salmón a la plancha con una ración de pasta integral y una fruta.

Tablas y glosario

Tablas y glosario

Tabla 1 - CARNES

Cada 100 g		Kcal	Prot. g	Grasa g	Sodio mg	Calcio mg	Hierro mg	Fósforo mg	Potasio mg	Vit. A UI	Vit. B$_1$ mg	Vit. B$_2$ mg
Carne de cerdo	magra	275	17	23	-	10	2,5	190	-	-	0,80	0,19
Carne de cordero	magra	165	18	10	95	-	-	-	-	-	-	-
Carne de ternera	muy magra	175	20	10	70	9	1,9	-	-	20	0,05	0,14
Carne vacuna	magra	200	19	13	70	9	1,8	-	-	20	0,05	0,14
Pavo	sin desgrasar	240	19	20	60	20	2	220	250	400	0,6	0,1

Tabla 2 - PESCADOS

Cada 100 g	Kcal	Prot. g	Grasa g	Sodio mg	Calcio mg	Hierro mg	Fósforo mg	Potasio mg	Vit. A UI	Vit. B$_1$ mg	Vit. B$_2$ mg
Abadejo	85	18,5	0,5	96	8	-	376	400	-	0,1	0,13
Arenque	170	18,5	10	120	100	1,2	260	320	110	0,03	0,2
Atún	170	24	6	40	30	1	200	-	450	0,15	0,15
Bacalao	80	17	0,4	60	20	0,5	190	350	-	0,05	0,05
Besugo	100	20	2,5	-	15	1,8	220	-	-	-	-
Bonito	150	23	7	-	35	1,3	200	-	-	0,1	0,1
Caballa	180	20	11	95	15	2	240	380	400	0,15	0,35
Carpa	95	16	3	-	40	1,9	165	-	-	0,04	0,05
Congrio	70	15	0,5	-	60	1	150	-	-	0,1	0,1
Lenguado	82	18	0,7	80	30	1	200	330	-	0,1	0,1
Merluza	80	18	0,7	80	25	1	190	300	-	0,05	0,05
Mero	84	18	0,8	-	25	1,5	200	-	-	0,1	0,1
Salmón	180	22	10	-	60	0,8	200	-	-	0,08	-
Sardina	190	20	13	100	80	2,5	300	-	55	0,02	0,1
Trucha	110	18,5	3	40	15	1	200	400	-	0,08	0,08

Tabla 3 - HUEVOS

Cada 100 g		Kcal	Prot. g	Grasa g	Sodio mg	Calcio mg	Hierro mg	Fósforo mg	Potasio mg	Vit. A UI	Vit. B$_1$ mg	Vit. B$_2$ mg	Vit. B$_3$ mg
Huevos	enteros	160	12	11	125	55	2,3	210	130	1200	0,12	0,32	0,1
	clara	53	11	0,2	150	10	0,6	18	110	-	0,02	0,25	0,3
	yema	360	16	30	50	135	6,3	560	110	3400	0,25	0,4	0,1

Las dietas

Tabla 4 - CEREALES

Cada 100 g		Kcal	H. de carbono	Proteínas g	Grasa g	Sodio mg	Calcio mg	Hierro mg	Fósforo mg	Potasio mg
Arroz	blanco	360	80	6,5	0,6	05	25	0,7	95	95
	integral	350	75	6	2,0	9,5	26	2	250	170
Salvado de arroz		275	61	15	16	-	76	20	1000	1000
Germen de trigo		340	35	24	9	5	70	8	1000	850
Sémola		330	70	8,5	1	1	15	1	-	110
Harina	de avena	400	68	10	6,5	6	55	4	400	250
	de gluten	380	45	42	2	2	40	-	140	60
	de maíz	360	75	5	2,5	1	10	3	290	290
	de trigo	340	71	9	1	2	15	2	75	100
Levadura seca		280	40	35	1,5	50	44	16	1200	1900
Pan	blanco	250	50	8	2	250	-	-	-	-
	de centeno	250	50	8	2	350	-	-	-	-
	de gluten	340	30	50	2	-	-	-	-	-
	integral	240	50	9	2,5	600	-	-	-	-
	de salvado	240	40	10	3	800	-	-	-	-
Cruasán		320	55	9	7	250	-	-	-	-
Crepes	(sólo masa)	240	29	9	9	120	100	-	-	-
Galletas María		430	70	12,5	10	600	-	-	-	-
	de centeno	350	76	13	1,2	880	-	-	-	-
	de maíz	450	70	11,5	15	-	-	-	-	-
	de soja	500	70	23,5	15	650	-	-	-	-

Tabla 5 - GRASAS

Cada 100 g	Kcal	Prot. g	Grasa g	Sodio mg	Calcio mg	Hierro mg	Fósforo mg	Potasio mg	Vit. A UI	Vit. B_1 mg	Vit. B_6 mg	Vit. E mg
Aceite de girasol	899	0	99,9	21	0	0	7	13	Tr.	0	Tr.	5,1
Aceite de maíz	899	0	99,9	21	0	0	7	13	Tr.	0	Tr.	17,2
Aceite de oliva	899	0	99,9	21	0	0	7	13	Tr.	0	Tr.	48,7
Aceite de soja	899	0	99,9	21	0	0	7	13	Tr.	0	Tr.	16,3
Manteca de cerdo	891	10	99	9	1	0,1	70	20	Tr.	0	Tr.	Tr.
Mantequilla	749	0,6	83	5	15	0,2	20	41	828	0	Tr.	2
Margarina	747	0,3	82,8	76	7	0,2	18	7	900	0	Tr.	8

Tablas y glosario

Tabla 6 - HORTALIZAS

Cada 100 g	Kcal	Sodio mg	Calcio mg	Hierro mg	Fósforo mg	Potasio mg	Vit. A UI	Vit. B_1 mg	Vit. B_2 mg	Vit. B_3 mg	Vit. C mg
Acelga	25	140	90	3,5	39	400	6500	0,04	0,15	0,5	34
Ajo	135	35	30	1,4	135	500	-	0,20	0,08	0,5	12
Alcachofa	30	45	45	1,0	60	400	150	0,08	0,1	0,8	8
Apio	18	115	30	0,5	30	800	-	0,03	0,03	0,3	9
Berenjena	25	2	15	0,5	30	210	10	0,05	0,05	0,6	5
Berro	20	50	150	1,9	60	282	4900	0,10	0,15	0,9	75
Brócoli	35	16	105	1,3	78	400	2500	0,10	0,15	0,9	100
Calabaza	28	2	20	0,7	40	250	1600	0,04	0,04	0,5	12
Cebolla	37	10	30	0,6	36	150	30	0,04	0,04	0,3	10
Col	28	18	43	0,5	72	402	34	0,04	0,08	1,1	65
Col de Bruselas	40	11	22	1,5	80	400	550	0,11	0,14	0,9	100
Coliflor	28	18	27	1,0	56	300	60	0,11	0,11	0,7	75
Espárrago	24	4	24	1,0	50	240	855	0,12	0,12	1,4	25
Espinaca	28	70	80	3,5	50	500	5000	0,1	0,2	0,6	45
Guisante	80	2	25	2,0	115	310	500	0,3	0,15	2,0	28
Haba	105	5	29	2,3	160	400	210	0,25	0,2	1,5	29
Hinojo	25	86	100	2,5	55	400	3500	0,23	0,11	0,2	93
Judía verde	32	5	55	1,1	40	220	500	0,08	0,15	0,8	18
Lechuga	13	9	20	0,5	23	175	330	0,05	0,06	0,3	7
Maíz	95	4	6	0,8	105	280	400	0,12	0,09	1,7	9
Mandioca	145	2	36	1,1	50	350	7	0,05	0,04	0,7	42
Nabos	29	40	35	0,5	30	290	7600	0,05	0,07	0,7	30
Palmito	26	45	86	0,8	79	336	-	0,04	0,09	0,7	1,3
Patata	76	3	7	0,8	50	410	-	0,1	0,05	1,4	17
Pepino	15	5	20	0,8	23	170	250	0,03	0,04	0,2	13
Pimiento	30	2	20	1,5	30	180	2000	0,08	0,07	0,8	100
Puerro	52	5	58	1,1	50	320	50	0,1	0,06	0,5	17
Rabanito	15	17	20	1,2	35	320	10	0,03	0,03	0,3	26
Remolacha	45	70	20	1,0	35	340	20	0,03	0,05	0,4	10
Tomate	21	3	12	0,5	26	240	900	0,06	0,04	0,7	23
Zanahoria	40	45	40	0,9	35	400	3500	0,06	0,05	0,6	8

Las dietas

Tabla 7 - FRUTAS

Cada 100 g	Kcal	Sodio mg	Calcio mg	Hierro mg	Fósforo mg	Potasio mg	Vit. A UI	Vit. B$_1$ mg	Vit. B$_2$ mg	Vit. B$_3$ mg	Vit. C mg
Albaricoque	48	1	15	0,7	23	280	700	0,04	0,07	0,4	9
Arándano	42	1	10	0,4	10	75	40	0,03	0,02	0,2	15
Caqui	70	4	7	0,3	25	170	1000	0,03	0,04	0,2	14
Cereza	70	0,4	25	0,4	20	200	200	0,05	0,05	0,2	12
Ciruela	45	1	12	0,4	27	190	50	0,04	0,04	0,4	6
Coco	320	28	20	2,0	85	300	10	0,05	0,03	0,5	3
Chirimoya	95	-	30	0,6	35	-	20	0,09	0,12	1,1	15
Frambuesa	50	1	25	1,0	30	160	130	0,03	0,07	0,9	25
Fresa	35	1	22	1,0	22	160	30	0,02	0,05	0,4	70
Grosella	45	2	30	1,0	40	250	150	0,02	0,03	0,4	40
Guayaba	50	3	20	0,7	35	250	280	0,03	0,05	1,0	75
Higo	80	2	40	0,5	30	200	80	0,05	0,05	0,4	4
Kiwi	55	4	30	0,4	41	300	175	0,02	0,05	0,5	80
Lima	30	2	26	0,6	18	140	25	0,04	0,02	0,1	52
Limón	30	2	26	0,6	18	140	25	0,04	0,02	0,1	52
Mandarina	45	1	25	0,3	18	160	400	0,04	0,04	0,3	30
Mango	58	-	15	0,6	22	-	30	0,05	0,02	0,7	5
Manzana	59	1	7	0,3	12	110	50	0,03	0,03	0,2	6
Melocotón	50	1	10	1,0	20	180	800	0,02	0,05	0,9	15
Melón	30	12	14	0,4	16	250	1000	0,03	0,02	0,02	30
Membrillo	30	12	14	0,4	16	250	1000	0,03	0,02	0,02	30
Naranja	49	1	40	0,5	20	180	200	0,08	0,04	0,3	55
Papaya	35	3	20	0,3	15	230	1500	0,03	0,04	0,3	60
Pera	55	2	9	0,3	13	125	20	0,02	0,03	0,2	5
Piña	52	1	16	0,5	8	180	34	0,07	0,05	0,28	20
Plátano	90	1	9	0,6	28	400	80	0,05	0,07	0,7	10
Pomelo	40	1	15	0,4	20	180	50	0,04	0,03	0,2	45
Sandía	30	1	10	0,4	9	120	350	0,03	0,03	0,2	6
Tamarindo	30	1	10	0,4	9	120	350	0,03	0,03	0,2	6
Uva	65	3	14	0,5	16	180	100	0,05	0,04	0,4	4
Zarzamora	50	2	32	0,6	25	170	180	0,02	0,04	0,4	20

Tablas y glosario

Tabla 8 - EMBUTIDOS

Cada 100 g	Kcal	Prot. g	Grasa g	Sodio mg	Calcio mg	Hierro mg	Fósforo mg	Potasio mg
Chorizo	400	15	40	900	15	3,5	110	150
Jamón de York	200	21	8	1200	15	4	140	160
Jamón serrano	250	22	18	2500	50	1,4	200	300
Lomo de cerdo	190	25	7	2000	-	-	-	-
Longaniza	400	14	38	2500	-	-	-	-
Mortadela	300	18	25	700	40	-	150	200
Paté	330	10,5	32	400	-	-	-	-
Salami	350	20	30	1200	35	-	167	300
Salchicha (Frankfurt)	310	12	15	850	-	-	-	-
Salchichas	410	11	41	900	-	-	-	-
Tocino salado	400	28	27	3200	-	-	-	-

Las dietas

Tabla 9 - LÁCTEOS

Cada 100 g		Kcal	Prot. g	Grasa g	Sodio mg	Calcio mg	Hierro mg	Fósforo mg	Potasio mg	Vit. A UI	Vit. B$_1$ mg	Vit. B$_2$ mg	Vit. B$_3$ mg
Leche	entera	60	3,0	3,0	30	110	0,2	80	140	200	0,1	0,2	0,2
	semidesnatada	45	3,0	1,5	-	110	0,1	85	-	200	0,1	0,2	0,2
	desnatada	31	2,9	1,0	-	120	0,1	100	-	150	0,02	0,2	-
	condensada	320	8,2	8,2	100	250	0,1	200	300	360	0,1	0,3	0,2
Yogur	cremoso	110	3,0	6,0	-	130	-	90	-	-	-	-	-
	entero	85	2,8	3,3	60	150	0,1	100	190	1000	0,05	0,2	0,1
	desnatado	40	4,0	0,1	-	130	-	90	-	-	-	-	-
Queso	tierno	150	11	10	70	150	-	-	-	-	-	-	-
	tierno desnatado	110	12	4,5	250	150	0,5	150	90	15	0,02	0,2	0,1
	mozzarella	240	20	16	750	75	0,3	200	110	400	0,03	0,2	0,1
	camembert	300	18	25	900	200	0,2	300	100	1000	0,04	0,6	0,9
	cheddar	400	25	31	700	750	1,0	500	90	1300	0,03	0,4	0,1
	edam	320	25	20	700	700	0,6	500	80	500	0,06	0,3	0,1
	emmental	400	27	28	450	1000	0,3	600	100	600	0,05	0,3	0,2
	gouda	370	25	29	700	700	0,5	440	100	400	0,03	0,2	0,1
	gruyer	400	28	28	380	1000	-	600	100	-	0,05	0,3	0,1
	parmesano	390	34	25	700	1100	0,8	800	130	1000	0,02	0,6	0,2
	provolone	390	28	28	1100	900	0,5	650	70	300	0,5	0,3	0,2
	roquefort	370	21	30	1800	500	0,5	360	90	1200	0,04	0,6	0,8

Tablas y glosario

Gasto calórico por actividad (caloría × kilo × minuto)

(En las mujeres, un 10% menos de los valores indicados)

Actividades cotidianas y domésticas	
Dormir	0,015
Estar relajado	0,018
Leer	0,018
Escribir	0,027
Mantenerse de pie	0,029
Estar sentado (comer, ver la TV...)	0,025
Conversar	0,024
Ducharse	0,046
Lavarse y vestirse	0,050
Hacer la cama	0,057
Lavar los platos	0,037
Lavar ropa	0,070
Fregar suelos	0,066
Limpiar cristales y ventanas	0,061
Planchar	0,063
Barrer	0,031
Pasar la aspiradora	0,068
Cocinar	0,045
Conducir	0,040
Subir escaleras	0,254
Bajar escaleras	0,101
Caminar suavemente (3,5 km/h)	0,051
Caminar rápido (5,1 km/h)	0,069

Actividades laborales	
Física de esfuerzo alto	0,098
Física de esfuerzo medio	**0,083**
Física de esfuerzo suave	**0,065**
Trabajo sedentario pasivo	**0,035**
Trabajo sedentario activo	**0,037**

Actividades deportivas y lúdicas	
Carrera suave (a 5,5 km/h)	0,100
Carrera moderada (a 7,5 km/h)	0,200
Carrera intensa (a 9 km/h)	0,300
Saltar a la cuerda	0,175

Jugar a	
Bolos	0,098
Billar	0,026
Golf	0,079
Ping-pong	0,057
Baloncesto	0,140
Voleibol	0,120
Fútbol	0,137
Tenis	0,101
Petanca	0,052
Squash	0,152
Alpinismo	0,140
Artes marciales	0,185
Esquí intenso	0,235
Montañismo	0,147

Natación	
Libre	0,085
Mariposa	0,200
Braza de espalda 30 m/min	0,100
Pecho 27 m/min	0,106
Crawl 40 m/min	0,128

Baile	
Moderado	0,061
Enérgico	0,083

Montar en bicicleta a ritmo suave	0,100
Conducir motos	0,053
Conducir coches	0,043

Tabla 10 · GASTO CALÓRICO

Glosario

Qué es qué

A lo largo de esta obra aparecen numerosos términos vinculados con la alimentación. Con el fin de aclarar cualquier duda, los detallamos seguidamente.

Aminoácidos
Moléculas que contienen carbono, hidrógeno, oxígeno y azufre. Son indispensables para la correcta sintetización de las proteínas. Se clasifican en dos grupos: esenciales, aquellos que no pueden ser sintetizados por el organismo y a los que sólo se puede acceder a través de la alimentación; y no esenciales, es decir, los sintetizados por el organismo.

Caloría
Cantidad de calor que se requiere para subir un grado la temperatura de un gramo de agua. Es la unidad de medida más utilizada por médicos, dietistas y nutricionistas. Se puede denominar también *kilocaloría* y se expresa con las abreviaturas «cal» o «Kcal». Esta propiedad puede expresarse asimismo en «julios» o «kilojulios», en cuyo caso debe efectuarse la siguiente conversión, ya que 1 Kcal equivale a 4184 KJ.

La energía de las calorías es vital para el ser humano y la obtenemos a través de los glúcidos, los lípidos y las proteínas que ingerimos.

Dieta (tipologías)

La ingente cantidad de combinaciones de alimentos con fines adelgazantes se resume en:

Hipocalóricas desequilibradas. Su sistema de actuación se basa en reducir de forma drástica la ingestión de alimentos y, por tanto, de energía. Son dietas que aportan muy pocas calorías al organismo y, por extensión, son pobres en nutrientes. Suele perderse peso bastante rápido, pero más en forma de líquido que de grasa. Al abandonarse tienen un efecto yoyó rápido, y el peso se recupera con facilidad.

Disociativas. Centran su existencia en el fundamento de que no son los alimentos los que engordan por sí mismos, sino las combinaciones que se hacen con ellos, las cuales permiten al organismo asimilar más grasa de la que necesita. Generalmente no limitan la ingesta y, por tanto, no se cuentan las calorías. Estos tratamientos buscan que el cuerpo no pueda aprovechar toda la energía que le llega. Dado que prácticamente no existen productos que sólo tengan hidratos de carbono o proteínas, la disociación es más virtual que real.

Excluyentes. Se suelen centrar en un nutriente esencial, que eliminan de la dieta o, cuando menos, se reduce a su mínima expresión. Hay muchas variedades, pero la mayoría son: ricas en proteínas pero pobres en hidratos de carbono; ricas en hidratos de carbono pero escasas en proteínas, o ricas en grasa, en cuyo caso reciben el nombre de *cetogénicas*. Todas las combinaciones tienen el mismo problema: son desequilibradas e incompletas.

Dietética

Disciplina científica que estudia las relaciones que hay entre los alimentos y las necesidades nutricionales del individuo, con el objetivo de poder ofrecerle un modo y un estilo de alimentación que resulten adecuados a su día a día.

Para ello la dietética analiza la fisiología, la psicología y las necesidades socioculturales de la persona.

Fibra

La hallamos en los productos vegetales, el cuerpo humano no puede digerirla, no aporta calorías y tampoco tiene valor nutritivo, pero es relevante, ya que favorece el tránsito intestinal y agrega volumen a los alimentos, por lo que facilita su digestión. Existen dos tipos de fibra:

Fibra insoluble. Acelera el paso de los alimentos por el estómago, activa el tránsito intestinal, agrega volumen a las heces fecales y ayuda contra el estreñimiento. La podemos encontrar en el salvado de trigo, las verduras y los granos integrales.

Fibra soluble. Atrae el agua y la convierte en gelatina durante el proceso digestivo, lo que permite que sea lento. Hallamos este tipo de fibra en la avena, la cebada, las nueces, las semillas y las lentejas. Se ha demostrado científicamente que reduce el nivel de colesterol.

Grasas

Nombre genérico que se le da a unas sustancias presentes en animales y vegetales que se forman mediante la combinación bioquímica de ácidos grasos y glicerina. Debemos distinguir los siguientes tipos:

Saturadas. Están formadas por ácidos grasos saturados, los más comunes en los animales. Son sólidas a temperatura ambiente y constituyen las más peligrosas para la salud y las más complejas de metabolizar. Aumentan los niveles de colesterol LDL.

Las dietas

> Insaturadas. Están constituidas por ácidos grasos insaturados. Son líquidas a temperatura ambiente y las conocemos habitualmente en forma de aceite. Resultan beneficiosas para el ser humano, dado que contienen nutrientes esenciales que sólo pueden adquirirse mediante la ingesta. Dentro de esta clase hallamos dos tipos:
>
> A. Monoinsaturadas. Este tipo de grasas ayudan a bajar los niveles de colesterol HDL y reducen el LDL. La única pega que tienen, en el caso de una dieta, es que aportan una notable cantidad de calorías, como las que hallamos en los frutos secos.
>
> B. Poliinsaturadas. Estas grasas se encuentran presentes, mayoritariamente, en los pescados azules (sardina, atún, etc.) a través del ácido omega-3.

Grupos de alimentos

Alimentos grasos

A. Aceites. Pueden ser de oliva, maíz, soja, girasol, etc. Están compuestos por grasa poliinsaturada. La variación de la aci-dez de cada tipo de aceite no altera sus propiedades nutritivas.

B. Mantequilla. Se obtiene de la grasa de la leche tras extraer el exceso de agua. Contiene grasa saturada, es decir, colesterol.

C. Margarina. Es de origen vegetal y se obtiene mediante procesos industriales. Dado que algunas se saturan con grasa animal pueden tener colesterol añadido, de ahí que sea muy importante la lectura de la etiqueta.

Carnes

Son una gran fuente de hierro, mayor cuanto más roja sea la carne, por lo que se aconseja acompañarlas con un postre rico en vitamina C para poder absorber mejor el mineral. Además, cuentan con notables cantidades de grasa saturada o colesterol, por lo que se recomienda moderación en su ingesta.

Tanto las carnes de caza como las que pertenecen a los animales jóvenes contienen nucleoproteínas que pueden alterar los niveles de ácido úrico.

Farináceos

Son ricos en hidratos de carbono de absorción lenta. A este grupo pertenecen los cereales y las legumbres. Sus proteínas son de bajo valor, aunque las que aportan son suficientes para el organismo en caso de seguir dietas vegetarianas.

Frutos secos

Tienen elevadas dosis de grasas poliinsaturadas. Se consideran de alto valor energético dado que casi no contienen agua y sus nutrientes están muy concentrados.

Hidratos de carbono

Aunque se les conoce con dicho nombre, la descripción técnica preferible y recomendada a nivel mundial es la de *carbohidratos*. A modo de resumen, diremos que son la forma biológica más primaria de almacenamiento y consumo de energía. Se calcula que cada gramo de carbohidrato es capaz de generar cuatro calorías.

La función principal de dichas sustancias es la de abastecer de energía al cerebro y al sistema nervioso. Cuando los obtenemos, el hígado se ocupa de descomponerlos en glucosa, la cual se distribuye por todo el cuerpo a través de la sangre.

Los carbohidratos se clasifican en simples, cuando tienen una o dos moléculas de azúcar, por lo que son más fáciles de absorber y digerir, o compuestos, si tienen tres o más moléculas de azúcar. Los simples suelen proceder de la fructosa, que se encuentra en las frutas, y de la galactosa, originaria de los productos lácteos. También están presentes en la miel y en la cerveza. Los compuestos se hallan en los panes y los cereales integrales, en las verduras ricas en almidón y en las legumbres.

Huevos
Son la proteína más notable cuando no se ingieren ni carnes ni pescados. Debemos tener en cuenta que la yema posee todo el colesterol del huevo.

Lácteos
Forman este grupo la leche y sus derivados, como el yogur o el kéfir, además de los quesos, sean o no de vaca.

La leche es uno de los alimentos más ricos, pues sus proteínas son de alto valor biológico y su lactosa es un azúcar natural. Posee además notables cantidades de calcio, fósforo, sodio, azufre, hierro y cloro.

Los quesos, que se elaboran mediante la coagulación de la proteína mayoritaria de la leche, la caseína, son más digestivos que esta.

Por lo que se refiere a los yogures y el kéfir, se trata de leche fermentada que contiene ácido láctico.

Pescados
La mayoría de ellos aportan vitaminas B_1 y B_2, fósforo y potasio. Tienen grasas poliinsaturadas que son beneficiosas para la salud cardiovascular. En el caso concreto de los pescados azules poseen los ácidos grasos omega-3, ideales para reducir el riesgo de enfermedades cardiovasculares.

Verduras, hortalizas y frutas
Nos aportan principalmente agua, vitaminas, minerales y fibra. La fibra se encuentra en las verduras, así como en la piel y pulpa de las

frutas, mientras que las vitaminas se hallan en las frutas y en la verdura cruda.

Los minerales tienen una presencia más notable en las verduras, y una forma de sacarles el máximo partido es ingerir el agua de su cocción o aprovecharla para la confección de otros platos.

Metabolismo

Nombre genérico de todos los procesos que el organismo tiene que llevar a cabo para crecer, mantenerse, reproducirse, realizar actividades físicas y mentales y, por supuesto, regenerar sus estructuras. Para realizar todas estas acciones automáticas, el cuerpo precisa energía, que sólo puede obtenerla de la alimentación; cuando esta última es pobre, la halla en el llamado *catabolismo interno*.

La energía de nuestro cuerpo se invierte en dos líneas: involuntaria o de supervivencia y voluntaria o no indispensable. En el primer caso, la gestión de la energía tiene por objeto mantenernos con vida sin más, en un estado vegetativo: sirve para el gobierno de las funciones vitales, la actividad cerebral y la temperatura corporal. En el segundo caso, la energía se utiliza para dar respuesta a nuestras necesidades cotidianas, como desplazarnos, hablar, correr, leer, trabajar, etc.

Para calcular cuánta energía mínima (basal) necesita un individuo, es preciso saber su altura, sexo, edad y peso. Sin embargo, sus necesidades energéticas absolutas no pueden compararse con las de otros individuos, ya que la variación más notable de gasto energético reside en las actividades voluntarias que cada uno realiza.

Minerales

Son casi tan importantes como las vitaminas y resultan esenciales en la estructura corporal. La única forma de acceder a ellos es a través de la alimentación.

Azufre
Es antioxidante, depura y regenera el organismo, participa en la tonificación de la piel y es el responsable del brillo en el cabello.

Calcio
Es imprescindible en la formación de los huesos y en que estos sean sólidos, una vez acabado el proceso de crecimiento. Participa en la regulación del sistema nervioso.

Cobre
Ayuda al buen funcionamiento del sistema inmunitario.

Flúor
Es un oligoelemento que interviene en el esmalte de los dientes y en la formación de los huesos.

Fósforo
Es uno de los ingredientes necesarios para el buen funcionamiento de los riñones. Resulta indispensable en los procesos de crecimiento. Nos ayuda a mantener la concentración y la memoria.

Hierro
Es antioxidante y nuestro aliado en la defensa de las infecciones. Aumenta el rendimiento físico y estimula la resistencia al cansancio.

Magnesio
Es eficaz en el tratamiento de la hipertensión arterial, protege de las afecciones cardiovasculares y favorece en la lucha contra la depresión y el estrés.

Manganeso
Incrementa los reflejos y nos ayuda a sobrellevar los procesos de cansancio.

Selenio
Es desintoxicante, nos sirve para mantener la elasticidad de la piel y tiene un papel activo en la regulación de los procesos de envejecimiento.

Sodio
Participa en el buen funcionamiento del sistema nervioso y de los músculos y en varias funciones metabólicas.

Yodo
Es vital para quemar el exceso de grasas y, además, nos sirve para fortalecer el cabello, las uñas y los dientes.

Zinc
Acelera los procesos de cicatrización y es antioxidante.

Proteínas

Son moléculas de gran tamaño (macromoléculas), de las cuales dependen todos los procesos biológicos. Contienen carbono, oxígeno, hidrógeno y nitrógeno. También pueden albergar azufre y fósforo.

Son esenciales para el crecimiento, pero, además, constituyen la materia prima principal para la formación de jugos digestivos, la hemoglobina de la sangre, las vitaminas y las enzimas. Se ocupan de acelerar las reacciones químicas del metabolismo y de transportar a través de la hemoglobina el oxígeno y el carbono de la sangre. Por si todo ello no fuera suficiente, nos sirven de defensa y actúan como anticuerpos contra las infecciones.

Las proteínas están formadas por miles de aminoácidos y pueden ser de origen animal o vegetal. La fuente es relevante, ya que una proteína es más importante cuando más calidad tiene de aminoácidos esenciales, aquellos que el organismo no puede sintetizar.

Por norma general, las proteínas de mayor valor son las de los huevos; en segunda línea, las que proceden de las carnes; a continuación, las del pescado; luego, las que tienen un origen lácteo y, en última instancia, se encuentran las proteínas vegetales. Dentro de estas últimas, se clasifican por orden de importancia las de los frutos secos, seguidas de las legumbres, los cereales, las hortalizas, las verduras y las frutas.

Vitaminas
Se trata de compuestos que el organismo no puede producir y que llegan a nosotros a través de la alimentación. Están consideradas como los nutrientes esenciales para la vida. Un exceso o una carencia de ellas puede suponer un problema de salud.

Vitamina A
Es antioxidante, retrasa el envejecimiento de la piel y es esencial durante la infancia para el crecimiento y el desarrollo de los huesos. Se ocupa de mantener sanos los dientes, los tejidos blandos y es indispensable para el buen funcionamiento de la retina.

Se encuentra principalmente en: los pescados, en especial los azules; huevos, queso, mantequilla; tomates, zanahorias, espinacas, borrajas, pimientos, espárragos, perejil; melón, plátanos, ciruelas, mangos, frambuesas.

Vitamina B_1
Se ocupa de mantener en perfecto estado el funcionamiento del sistema nervioso y el corazón. Nos ayuda a cicatrizar y es indispensable para la metabolización de los hidratos de carbono.

Se encuentra en: el pollo, cerdo y pescados; avellanas, cacahuetes, almendras, pistachos, etc.; avena, arroz, trigo; judías secas, guisantes, patatas, coles y espárragos.

Vitamina B_2
El organismo la necesita para mantener la piel y las mucosas en buen estado. Actúa como oxigenante de la córnea. Es una de las

vitaminas que perdemos con más facilidad por culpa de los procesos de tensión y estrés.

Se encuentra en: la leche y derivados como yogures y quesos; ternera, cerdo, pollo y cordero; espinacas, garbanzos, aguacates, hongos, germen de trigo, levadura de cerveza.

Vitamina B$_3$

Es fundamental para que el organismo pueda aprovechar la energía de los alimentos, resulta vital para el crecimiento y participa en los procesos de regulación hormonal.

Se encuentra en: la mayoría de los frutos secos; cereales; atún, bonito, caballa y sardina; en todas las carnes, en especial en el hígado; alcachofas.

Vitamina B$_5$

Interviene en los procesos de metabolismo celular, y es muy importante para el correcto funcionamiento del sistema nervioso e inmunitario.

Se encuentra en: todos los alimentos animales, huevos, cereales integrales, sandía y guisantes.

Vitamina B$_6$

Participa en los procesos de metabolización de los aminoácidos y proteínas. Mantiene fuertes y sanos los dientes, los cabellos y las uñas. Además, estimula el sistema inmunitario y participa en los procesos de síntesis de regulación del sistema nervioso.

Se encuentra en: las sardinas y boquerones frescos; aves ricas en grasas como el pato; frutos secos; lentejas; plátanos, mangos, aguacates, ciruelas pasas; levadura de cerveza.

Vitamina B$_7$

Interviene en el metabolismo de los hidratos de carbono, las grasas y los aminoácidos.

Se encuentra en: las carnes, hígado, yema de huevo, setas, germen de trigo, arroz, soja, guisantes y garbanzos.

Vitamina B₉
La necesitamos para la formación de la hemoglobina y, por extensión, de los glóbulos rojos.
Se encuentra en: los animales pero de forma muy pobre, en bajas cantidades en el hígado de la ternera; garbanzos, habas, judías tiernas, espinacas, col, coliflor, aguacates, tomates, remolacha y naranjas.

Vitamina B₁₂
Participa en la formación de los glóbulos rojos y es necesaria para prevenir la anemia. La utilizamos para metabolizar el hierro de los alimentos.
Se encuentra en: las carnes rojas, huevos, leche y derivados; almejas, el marisco que más la posee; atún, sardina; germen de trigo, levadura de cerveza.

Vitamina C
Ayuda al organismo a combatir las enfermedades bacterianas y víricas. Nos protege de los efectos de la polución y es de gran ayuda en los procesos de cicatrización de heridas.
Se encuentra en: las frutas y verduras de colores intensos como las naranjas, los kiwis y los pomelos.

Vitamina D
Aunque se encuentra en numerosos productos, la mejor manera de obtenerla es a través del sol. Nos ayuda a absorber el calcio y, por tanto, es vital para la mineralización de los huesos. Contribuye a que los niveles de calcio y fósforo sean normales en la sangre.
Se encuentra en: la yema de huevo, legumbres, algas, margarina, atún, salmón, pescado, aceites de hígado de pescado.

Vitamina E

Actúa contra el envejecimiento, nos previene de la formación de coágulos de sangre, refuerza las defensas y es antitóxica. Es imprescindible para combatir las quemaduras y heridas.

Se encuentra en: los aceites vegetales, frutos secos, margarina, legumbres, arroz integral y germen de trigo.

Vitamina K

Se ocupa de intervenir en los diferentes procesos de coagulación de la sangre.

Se encuentra en: las verduras de hoja verde, pollo, hígado de bacalao.

www.ingramcontent.com/pod-product-compliance
Lightning Source LLC
Chambersburg PA
CBHW060833190426

43197CB00039B/2572